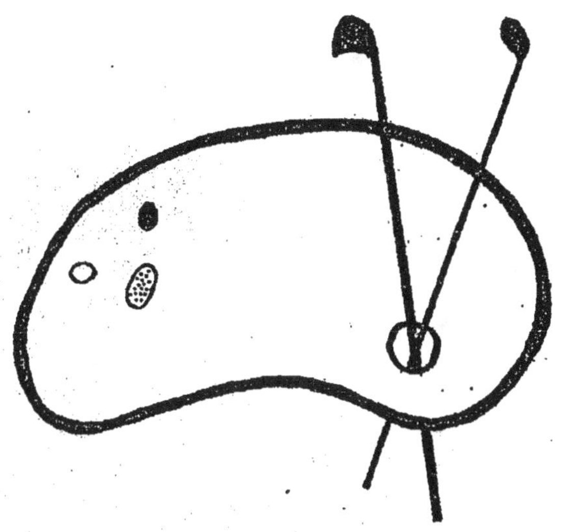

DEBUT D'UNE SERIE DE DOCUMENTS
EN COULEUR

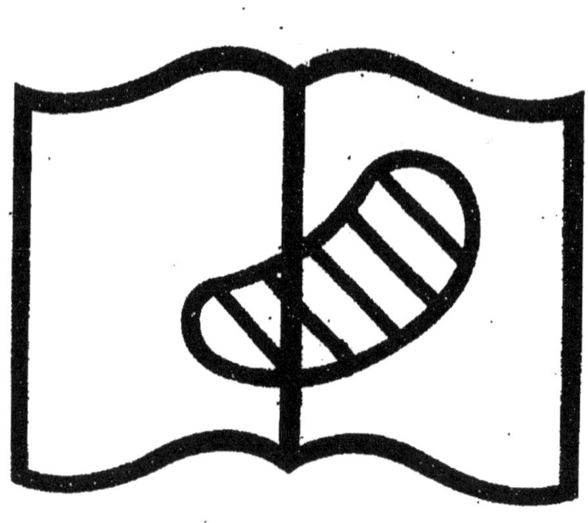

Illisibilité partielle

VALABLE POUR TOUT OU PARTIE DU
DOCUMENT REPRODUIT

L'ÉGLISE GRECQUE-ORTHODOXE

ET

L'UNION

PAR

Le P. François TOURNEBIZE, S. J.

DEUXIÈME PARTIE

OBSTACLES A L'UNION :
DIVERGENCES DISCIPLINAIRES ET DOGMATIQUES ;
EXPOSÉ ET SOLUTION

PARIS

LIBRAIRIE BLOUD ET BARRAL

4, RUE MADAME ET RUE DE RENNES, 59

1900

Tous droits réservés

— L'Apologétique historique au XIX siècle. — La Critique irréligieuse de Renan, etc. par l'abbé Ch. DENIS. 1 vol

— Nature et Histoire de la liberté de conscience, p. l'abbé CANET. 1 vol.

— L'Animal raisonnable et l'Animal tout court, par C. DE KIRWAN. 1 vol.

— La Conception catholique de l'Enfer, par l'abbé BRÉMOND. 1 vol

— L'Attitude du catholique devant la Science, p. G. FONSEGRIVE. 1 vol

— Du même auteur : Le Catholicisme et la Religion de l'Esprit. 1 vol

— Du Doute à la Foi, par le R. P. TOURNEBIZE, S. J. 1 vol

— Du même auteur : Opinions du jour sur les peines d'outre-tombe. 1 vol

— La Synagogue moderne, sa doctrine et son culte, par A. F. SAUBIN. 1 vol

— Du même auteur : Le Talmud et la Synagogue moderne. 1 vol

— Evolution et Immutabilité de la doctrine religieuse dans l'Eglise, par M. PRUNIER, supérieur de Grand Séminaire. 1 vol

— La Religion spirite, son dogme, sa morale et ses pratiques, par I. BERTRAND. 1 vol

— Du même auteur : L'Occultisme ancien et moderne. 1 vol

— L'Hypnotisme franc et l'Hypnotisme vrai, par le Dr HÉLOT. 1 vol

— L'Eglise et le Travail manuel, par l'abbé SABATIER. 1 vol

— Unité de l'espèce humaine, prouvée par la similarité des conceptions et des créations de l'homme, par le marquis de NADAILLAC. 1 vol

— Du même auteur · L'Homme et le Singe. 2 vol.

— Le Socialisme contemporain et la Propriété, p. M. G. ARDANT 1 vol

— Pourquoi le Roman à la mode est-il immoral et pourquoi le Roman moral n'est-il pas à la mode ? par G. d'AZAMBUJA. 1 vol

— Comment se sont formés les Evangiles, par le P. TH. CALMES professeur au Grand Séminaire de Rouen. 1 vol

— L'Impôt et les Théologiens. Etude philosophique, morale et économique, par le comte de VORGES, ancien ministre plénipotentiaire, membre d l'Académie de Saint-Thomas, etc., etc. 1 vol

— Du même auteur : Les Ressorts de la Volonté et le libr Arbitre. 1 vol

— Nécessité mathématique de l'Existence de Dieu. Explications - Opinions — Démonstration, par René de CLÉRÉ. 1 vol

— Saint Thomas et la Question juive, par Simon DEPLOIGE, professei à l'Université Catholique de Louvain. 1 vol

— Premiers principes de Sociologie Catholique, par l'abbé NAUDET. 1 vol

— La Patrie. — Aperçu philosophique et historique, par J. M. VILLEFRANCHE. 1 vol

— Le Déluge de Noé et les races Prédiluviennes, par C. KIRWAN. 2 v.

— La Saint-Barthélemy, par Henri HELLO. 1 v.

— L'Esprit et la Chair. Philosophie des macérations, par Henri LASSERRE auteur de Notre-Dame de Lourdes, etc., etc.

— Les Morts reviennent-ils ? par I. BERTRAND.

— **Le Levier d'Archimède ou la Mécanique céleste et le Céleste Mécanicien**, par le R. P. ORTOLAN. 2 vol.

— **Ce que le Christianisme a fait pour la femme**, p. G. d'AZAMBUJA. 1 vol.

— **L'Hypnotisme et la Stigmatisation**, par le D' IMBERT-GOURBEYRE. 1 vol.

— **L'Education chrétienne de la Démocratie**, *essai d'apologétique sociale*, par Ch. CALIPPE. 1 vol.

— **La Religion catholique peut-elle être une science ?** par l'abbé G. FRÉMONT. 1 vol.

— *Du même auteur :* **Que l'Orgueil de l'Esprit est le grand écueil de la Foi,** *Théodore Jouffroy, Lamennais, Ernest Renan.* 1 vol.

— **La Révélation devant la Raison**, par F. VERDIER, supérieur de Grand Séminaire. 1 vol.

— **Confréries musulmanes.** — *Histoire — Discipline — Hiérarchie,* par le R. P. PETIT. 1 vol.

— **Pratique de la Liberté de conscience dans nos Sociétés contemporaines**, par l'abbé CANET. 1 vol.

— **Comment peut finir l'Univers**, d'après la science, p. C. DE KIRWAN 1 vol.

— **Les Théories modernes de la Criminalité**, par le D' DELASSUS 1 vol.

— **Faillite du Matérialisme**, par Pierre COURBET, 3 vol. *se vendant séparément :*

    I. — *Historique.* 1 vol.

    II. — *Discussion ; l'atome et le mouvement.* 1 vol.

    III. — *Discussion ; l'éther, le gas, l'attraction. Conclusion.—Appendice.* 1 vol.

— **Le Globe terrestre**, par A. DE LAPPARENT, Membre de l'Institut, professeur à l'Ecole libre des Hautes Etudes. 3 vol. *se vendant séparément.*

    I. — *La Formation de l'écorce terrestre.* 1 vol.

    II. — *La nature des mouvements de l'écorce terrestre.* 1 vol.

    III. — *La Destinée de la terre ferme et la Durée des temps.* 1 vol.

— **De la Connaissance du Beau, sa définition, application de cette définition aux beautés de la nature**, par l'abbé GABORIT, archiprêtre de la Cathédrale de Nantes. 1 vol.

— **Le Diable dans l'Hypnotisme**, par le docteur Ch. HÉLOT. 1 vol.

— **De la Prospérité comparée des nations protestantes et des nations catholiques**, *au point de vue économique — moral — social,* par le R. P. FLAMÉRION, S. J. 1 vol.

— **L'Art et la Morale**, par le P. SERTILLANGES, dominicain, docteur en théologie. 1 vol.

— **La Sorcellerie**, par I. BERTRAND. 1 vol.

— **Qu'est-ce que l'Ecriture sainte ?** *Les Livres inspirés dans l'antiquité chrétienne. Théorie de l'inspiration,* par le P. Th. CALMES. 1 vol.

Demander la liste complète des volumes Science et Religion
parus à ce jour

Imp. des Orph.-Appr. d'Auteuil, D. Fontaine, 40, rue La Fontaine, Paris.

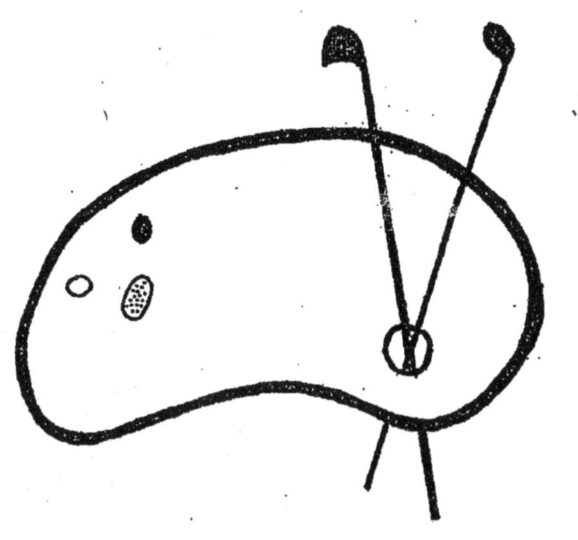

FIN D'UNE SERIE DE DOCUMENTS
EN COULEUR

SCIENCE ET RELIGION

Études pour le temps présent

L'ÉGLISE GRECQUE-ORTHODOXE

ET

L'UNION

PAR

Le P. François TOURNEBIZE, S. J.

DEUXIÈME PARTIE

OBSTACLES A L'UNION :
DIVERGENCES DISCIPLINAIRES ET DOGMATIQUES ;
EXPOSÉ ET SOLUTION

PARIS

LIBRAIRIE BLOUD ET BARRAL

4, RUE MADAME ET RUE DE RENNES, 59

1900

ÉGLISE GRECQUE

CHAPITRE PREMIER

Principes Catholiques et Principes Orthodoxes

1. *Toute divergence n'est point blâmable ; l'exclusivisme orthodoxe.* — Entre l'Eglise latine et l'Eglise grecque il n'a jamais existé d'uniformité absolue. Sans doute, la doctrine des Clément, des Cyrille, des Grégoire, des Jean Chrysostome était celle des Irénée, des Hilaire, des Jérôme et des Augustin. Mais, alors même que, de part et d'autre, les pasteurs et les fidèles admettaient les mêmes dogmes, et les mêmes sacrements, il y avait quelque différence dans la manière dont ceux-ci étaient reçus ou administrés en Orient et en Occident. La foi était une ; la langue sacrée, les détails de la liturgie, les cérémonies religieuses, les usages disciplinaires, assez souvent, variaient.

Que les premiers successeurs des Apôtres et que les Apôtres eux-mêmes n'aient point imposé une même langue et une même liturgie immuable et inflexible, l'histoire, la tradition le démontrent, et il semble que par là, loin de nuire à la sainteté et à la beauté de l'Eglise catholique, ils les faisaient mieux ressortir. Assurément, la force et la beauté d'un organisme provient d'abord du principe qui lui donne son unité et sa vie. Cependant, pour que celle-ci éclose et s'épanouisse, ne faut-il pas qu'elle rayonne en des organes nombreux

et varié? Si riche que soit le manteau d'or tissu par
Notre-Seigneur pour son épouse incomparable, l'Eglise
catholique, celle-ci est autorisée, sans confondre son
œuvre avec l'œuvre divine, à nuancer en le complétant,
son vêtement extérieur. « *Astitit regina... in vestitu
deaurato, circumdata varietate* (Ps. XLIV, 10).

C'est pourtant cette variété que les Photius et les
Cérulaire n'ont su ni admirer ni respecter, quand ils ont
attaqué l'Eglise latine, parce que ses usages disciplinaires ne concordaient pas pleinement avec ceux de
l'Eglise byzantine. Aujourd'hui, grâce à Dieu, les chefs
de l'Eglise orthodoxe n'attachent aucune importance à
la plupart des griefs mis en avant par leurs deux
devanciers. Nous avons même quelques raisons de
croire que le patriarche grec actuel, Mgr Constantin V,
ne hait point les catholiques. En tout cas, il traiterait
plus volontiers avec eux qu'avec les protestants,
comme le déclarait naguère la *Vérité ecclésiastique*
de Constantinople, son organe officiel. Mais les dispo-
sitions particulières de sa Béatitude ne représentent
pas nécessairement celles de tout le haut clergé. Aux
yeux de la plupart des évêques, les barrières élevées,
il y a dix siècles, entre les deux Eglises, se sont mo-
difiées, et, sur certains points, transformées ; elles ne
sont pas détruites. Ceux qui, comme nous, souhaitent
ardemment que l'une des plus magnifiques branches de
l'Eglise se réunisse bientôt au tronc d'où elle a été
séparée, ne laissent pas d'être attristés, en lisant les
deux manifestes que les plus hauts représentants de
l'Eglise soi-disant orthodoxe ont adressés à Pie IX en
1848 et à Léon XIII en 1895, en réponse à un paternel
appel.

Notre but est de compléter l'étude historique qui a
précédé, en exposant et discutant dans ce second opuscule les objections contenues dans les deux encycliques
patriarcales. En dehors des dix ou douze points litur-

giques ou dogmatiques, qu'elles nous signalent comme obligatoires, il existe dans le rite grec quelques autres divergences. Les Grecs n'ayant point la prétention de nous en imposer l'observation avant de s'unir à nous, il suffira de les indiquer en quelques lignes.

2. *Divergences accidentelles, aux yeux même des Grecs orthodoxes*. — Voici d'abord les pratiques disciplinaires plus anciennes, que l'on trouve chez les Grecs, comme chez les communautés de rite syriaque et en général chez les chrétiens orientaux non unis. La plupart sont aussi observées chez les catholiques de rite oriental,qui gardent fidèlement les anciennes traditions.

1° La confirmation a lieu immédiatement après le baptème, et c'est d'ordinaire le prêtre qui la confère. Les Grecs orthodoxes proscrivent de leurs églises les statues des Saints, mais vénèrent leurs images peintes. Dans le lieu saint ils se tiennent debout ; les femmes sont séparées des hommes par un treillis. 2° Ils ont seulement trois ordres mineurs, parmi lesquels on compte le sous-diaconat. 3° Les futurs prêtres se marient avant de recevoir le sous-diaconat. Une fois diacres, cependant, ils ne peuvent plus se marier. 4° Au cours des ordinations sacerdotales, il n'y a ni onction ni porrection des vases sacrés aussi explicite que chez les Latins, bien que le pouvoir d'offrir le saint Sacrifice soit nettement indiqué. 5° Il n'y a point de chanoines dans les églises-cathédrales. 6° Les évêques ne portent ni l'anneau ni la croix pectorale. 7° Les prêtres et les moines portent la barbe. 8° Les religieux ne prononcent point de vœux formels. 9° La bénédiction nuptiale se compose principalement de la cérémonie appelée couronnement des deux époux. 10° Les Grecs gardent l'abstinence tous les mercredis ; en revanche, ils ne jeûnent jamais les jours de fête ni le samedi, hormis le Samedi Saint.

Outre les usages précédents, l'Église prétendue orthodoxe en retient quelques autres qui semblent avoir été introduits plus tard, et qui, en tout cas, lui sont particuliers.

1° Les Grecs font le signe de croix en portant d'abord les trois premiers doigts de la main droite du front à la poitrine, puis à l'épaule droite, enfin à l'épaule gauche. 2° Ils ne récitent ni rosaire, ni chapelet. 3° Les prêtres portent hors de l'église une toque à sommet évasé, nommée *caloucée* ; ils laissent croître leur chevelure. 4° Ils portent, pendant la célébration de l'office, une chappe fermée par devant. 5° Ils se servent, en guise de pierre sacrée, d'une étoffe consacrée. 6° Plusieurs célèbrent ensemble au même autel la même messe, et retiennent les mêmes honoraires que s'ils célébraient séparément. Pour le saint Sacrifice ils emploient le couteau et la lance. Ils offrent un grand pain qu'ils partagent en plusieurs parties, à chacune desquelles ils donnent un nom différent ; après la consécration, ils versent dans le calice un peu d'eau chaude ; ils conservent la sainte Eucharistie du Jeudi Saint pour toute l'année. 7° Les évêques portent un voile au-dessus de leur bonnet ; leur mitre est ronde ; ils bénissent en tenant en main le dikérion et le trikérion, c'est-à-dire un flambeau à deux ou à trois branches. 8° Le patriarche seul consacre le Saint-Chrême, dans la composition duquel entrent, avec le baume, des aromates.

3. *Divergences essentielles d'après deux encycliques grecques.* — Bien que les pratiques précédentes soient différentes de celles de l'Église latine, le pape, loin de les blâmer, encourage les Grecs de rite uni à les maintenir. Telles sont ses déclarations réitérées dans l'encyclique *Orientalium dignitas.* L'encyclique *Præclara* par laquelle, peu auparavant, il invitait les chrétiens orientaux séparés à revenir au centre de la catholicité, attestait le même respect pour les vieilles coutumes liturgiques transmises par la tradition (1).

On est surpris que son conciliant appel, au lieu de provoquer chez les évêques grecs une égale bienveillance, leur ait fourni l'occasion d'invectiver contre l'Eglise romaine et d'énumérer tous les griefs qui les en retiennent séparés. La réponse que nous avons sous les yeux est signée par les membres du synode de Constantinople et par le patriarche Anthime dont nous avons raconté ailleurs l'élection et la déposition également orageuses (2). Comment des hommes vénérables n'ont-ils pas été choqués du ton discourtois d'une lettre qu'ils ont lue sans doute avant de l'approuver ? Nous savons que plusieurs de leurs coreligionnaires ont été affligés et humiliés du contraste qu'elle présentait avec l'encyclique du pape.

Nous croirions trahir notre devoir en relevant certaines épithètes désobligeantes. Au surplus, le but de cet opuscule, qui est d'instruire et de faire avancer dans une humble mesure la cause de l'union, ne nous permet pas de voir autre chose, dans le document patriarcal et synodal, que les motifs sur lesquels se base le refus de se rendre à l'invitation du Souverain Pontife. Ces motifs sont dix prétendues innovations admises par l'Eglise latine depuis le IX° siècle :

« Si les Occidentaux, dit l'encyclique, venaient à prouver que, d'accord avec l'enseignement des saints Pères et des saints Conciles œcuméniques, l'Eglise romaine d'Occident, alors orthodoxe, récitait, avant le

(1) L'encylique *Præclara* est du 20 juin 1894 ; *Orientalium digni-tas* du 30 novembre 1894.

(2). Voir T. I, ch. v. — Voici le titre du document émané du Phanar : *Lettre encyclique patriarcale et synodale*, adressée à nos frères en Jésus-Christ, les très vénérables et très aimés de Dieu, *métropolitains et évêques*, ainsi qu'à leur sacré et vénéré *clergé*, et à tout le *pieux peuple orthodoxe* du *Très Saint Siège apostolique et patriarcal de Constantinople*, Constantinople, 1895. Imprimerie patriarcale.

neuvième siècle, le symbole de la foi avec l'adjonction
du *Filioque*; qu'elle faisait usage du pain azyme;
qu'elle admettait le dogme du purgatoire, le baptême
par aspersion au lieu du baptême par immersion, l'Immaculée Conception de la Sainte Vierge, le pouvoir
temporel et l'absolutisme de l' « évêque de Rome », l'efficacité des indulgences en faveur des vivants et des
décédés, l'entière récompense des saints et leur admis-
sion à voir Dieu face à face avant le jugement dernier,
qu'elle employait pour la consécration les paroles même
de Notre-Seigneur; enfin qu'elle donnait aux fidèles la
communion sous la seule espèce du pain, « nous
n'aurions absolument rien à dire. » Mais ce sont là,
poursuit l'encyclique, des pratiques et des dogmes
introduits depuis le IXe siècle. Voilà pourquoi l'Église
orthodoxe qui reste toujours la même et maintient in-
variablement la doctrine et les usages admis par les
sept conciles œcuméniques, invite l'Eglise d'Occident
à rejeter toutes ces nouveautés. C'est à ces conditions
seulement que l'union peut être rétablie (§ 6, etc.)

On pourra trouver que de telles exigences, rapprochées
des récriminations de Photius et de Cérulaire, après
leur défection, sont relativement modérées. En réalité,
cependant, quel Grec doué d'un peu de sens, oserait
aujourd'hui reproduire les autres griefs de Cérulaire
ou de Photius qui sont omis dans l'encyclique de 1895 ?
Les rédacteurs de *l'encyclique de 1848*, en dépit de leurs
préventions, avaient seulement demandé à Pie IX de
sacrifier sa primauté de juridiction, de retrancher du
symbole l'addition *Filioque* et d'abolir la coutume de la
communion sous une seule espèce ainsi que l'institution des indulgences. Encore faut-il regretter qu'ils
aient confondu, ainsi que les collaborateurs d'Anthime VII, les divergences purement disciplinaires avec
celles qui intéressent le dogme. Grâce à Dieu, quelques
théologiens grecs envisagent ces questions avec plus de

largeur et de pénétration d'esprit. Ils ne voient de sérieux obstacles à l'union que dans les deux premiers griefs. Et même, dans l'intimité surtout, ils avouent sans trop de peine, comme le procureur du Saint-Synode russe, Pobedonostzeff, que si on pouvait s'entendre sur la primauté du Pape, les autres divergences n'arrêteraient pas longtemps.

Néanmoins, aux yeux de la masse des fidèles et du clergé, le manifeste signé par Anthime VII et son Synode fait pour ainsi dire loi. Il énonce les points en litige, aujourd'hui communément regardés en Orient comme plus importants. De la solution de ces difficultés peuvent dépendre, non pas hélas ! je le crains, la conversion en masse des *Orthodoxes*, mais bien des retours individuels. Nous croyons donc faire œuvre d'apostolat en étudiant un à un les dogmes et les usages incriminés.

4. *Pierre de touche : l'enseignement des neuf premiers siècles.* — Il importe d'abord de bien circonscrire le terrain sur lequel se placent les orthodoxes. Les rédacteurs des deux encycliques grecques conviennent que, s'il était prouvé que les dogmes et les pratiques, aujourd'hui admis par les Latins, étaient déjà reçus avant le ixe siècle, l'Eglise romaine serait à couvert de tout reproche et rien ne s'opposerait plus au retour de l'Orient à l'unité.

Si, dans ces paroles, il y a quelque défi, reconnaissons qu'il est net, loyal. Mis en demeure d'arrêter eux-mêmes les bases du débat, les théologiens catholiques fixeraient les mêmes conditions. Malheureusement, après avoir ainsi affirmé qu'ils se conforment entièrement aux principes des anciennes Eglises, nos adversaires s'en éloignent aussitôt, en proscrivant toute sorte de progrès dans la manifestation des vérités révélées.

5. *L'Eglise est non immobile, mais immuable.* —

D'après les deux encycliques patriarcales, l'*Église vé-
ritable* se reconnaît à son immobilité absolue. Veut-on
dire que l'Église du Christ ne change pas, n'altère pas
ce qu'elle a une fois tenu pour vrai, pas plus qu'elle
n'érige en dogme ce qu'elle a jadis condamné ou *com-
plétement ignoré ?* En cela nous sommes d'accord.
Mais nos très honorables adversaires confondent avec
ces transformations, que la papauté a toujours repous-
sées, les développements logiques des vérités contenues
au moins en germe dans l'Écriture et la tradition, ou
les déductions rigoureuses de principes universellement
admis dans l'ancienne Eglise d'Orient et d'Occident.

Si l'Église orthodoxe n'admet pas, dans ces limites,
l'évolution des dogmes ; si les vérités dont elle se constitue la gardienne et l'interprète n'ont acquis, depuis
mille ans, aucun rayonnement plus ample ou plus intense ; si son organisme, à partir du septième concile
œcuménique (787), n'a pris aucun degré d'accroisse-
ment, n'est-on pas fondé à voir en cet arrêt définitif,
non un signe de vigueur ou de maturité, mais de vieil-
lesse et de décrépitude ? A ces traits, je ne reconnais
pas l'Eglise, cette épouse du Christ, toujours jeune,
sans taches et sans rides, dont les traits, loin de se dé-
former avec les années, s'accentuent et se précisent en
renouvelant leur fraîcheur.

On prétend que les Docteurs les plus anciens et les
plus distingués ont condamné tout progrès ainsi entendu. On objecte surtout le passage bien connu de saint
Vincent de Lérins : « Il faut que nous, catholiques,
ayons soin de tenir pour vrai ce qui a été cru toujours,
partout et par tous ; ainsi le veut, d'ailleurs, notre nom
de catholiques (1) ». Volontiers, avec tous les théolo-

_____

(1) « Idcirco multum necesse est, propter tantos tam varii erroris
anfractus, ut propheticæ et apostolicæ interpretationis linea secun-
dum ecclesiastici et catholici sensus normam dirigatur. In ipsa item
catholica Ecclesia magnopere curandum est ut id teneamus quod ubi-
que, quod semper, quod ab omnibus creditum est. Hoc est etenim

giens catholiques nous souscrivons à cette règle. Mais, comme eux aussi, nous l'expliquons dans le même sens que son éminent auteur. Celui-ci, à la fin du chapitre XXII et surtout au chapitre XXIII de son *Commonitoire*, expose avec une admirable lucidité la nature du progrès doctrinal réalisé dans l'Eglise.

Voici ses paroles : « On dira peut-être : n'y aura-t-il donc aucun progrès de la religion, dans l'Eglise du Christ ? Assurément, il y a place pour un progrès, et un progrès très considérable : qui serait assez inhumain, assez impie pour tenter de l'arrêter ? » Mais qu'on l'entende bien, ce progrès n'implique pas un réel changement, une transformation ; il l'exclut. Car, ajoute cet illustre défenseur de la tradition ecclésiastique, « une chose change, quand elle cesse et cède sa place à une autre ; elle progresse quand elle se développe, en restant identique à elle-même ». L'enseignement de l'Eglise évoluera donc, ses progrès s'affirmeront, d'après lui, quand un même dogme continuera d'être exposé dans le même sens, mais toujours avec plus de lumière, d'évidence, au point de s'imposer enfin, avec une autorité irréfragable, à tous les fidèles. La vérité contenue dans l'Ecriture et dans la tradition est une semence sacrée. L'Eglise n'y peut rien changer. Elle serait criminelle d'y ajouter ou d'en retrancher quelque chose, de l'altérer en un seul point. Sa tâche consiste à la cultiver, à la développer, sans la faire jamais dévier de son sens et de sa direction première.

Quand je regarde un objet au soleil levant, après l'avoir regardé au crépuscule, je l'aperçois plus distinctement ; mais cette clarté grandissante n'en change pas la nature. Ou encore, pour me servir de la comparaison de saint Vincent de Lérins, les divers âges de

vere proprieque catholicum, quod ipsa vis nominis ratioque declarat, quæ omnia fere universaliter comprehendit. (Vincentii Lirinensis *Commonitorium primum*, n. 2. Migne. *Patr. L.*, vol. 50, p. 640.)

la vie humaine jusqu'à la complète maturité sont certes marqués par un réel progrès. Il y a de la distance entre l'enfant dans sa fleur et l'homme adulte ; la taille, la physionomie, l'extérieur diffèrent. Pourtant, c'est la même nature, la même personne ; ce sont les mêmes membres, là en germe, ici dans leur épanouissement.

Ainsi en est-il de la doctrine révélée, dans l'Église catholique. Tantôt, une vérité claire d'abord, puis enveloppée d'ombre, est, dans les âges suivants, remise en lumière par les investigations des docteurs ou les discussions des théologiens. Tantôt, c'est une proposition révélée, qui, au commencement, passe presque inaperçue. Elle reste longtemps à demi voilée, bien qu'elle soit implicitement affirmée dans les articles du symbole primitif. Un moment vient, plus tard, où les contestations des hérétiques forcent les docteurs de l'étudier plus à fond ; elle se dévoile peu à peu, éclate enfin au grand jour ; et le magistère suprême de l'Eglise l'érige alors en dogme à croire explicitement.

D'autres fois, ce sont des conclusions plus éloignées, qui demeurent pendant des siècles cachées dans les vérités expressément révélées comme un fruit dans sa graine. Peu à peu, sous le souffle fécond de l'Esprit-Saint, elles prennent corps et se détachent avec un tel relief dans la croyance unanime des fidèles, qu'elles apparaissent comme partie intégrante du dépôt de la révélation.

En ces circonstances, le rôle de l'Eglise enseignante se bornera souvent à faire choix d'un mot nouveau, d'une formule précise, exprimant fidèlement, mais d'une manière plus claire, des idées anciennes. Le progrès sera beaucoup moins dans l'idée que dans l'expression, qui d'abord un peu vague et indécise, serre ensuite de plus près et représente exactement son contenu.

Dans l'ordre des connaissances profanes, n'est-ce

pas à peu près ainsi que se réalisent certains progrès ?
Quand une force nouvelle de la nature a été découverte,
il reste encore à étudier dans le détail ses propriétés, à
les adapter à des usages nouveaux, à en condenser les
caractères essentiels en une formule brève et sugges-
tive. Ce progrès, quand il évolue rigoureusement dans
le même sens, n'est pas, à proprement parler, une
innovation. C'est simplement la mise en vedette, le
rayonnement plus ample de vertus latentes, jusque-là
seulement connues de quelques savants.

6. *Les sept premiers conciles n'ont pu tout définir.*
— Taxer d'innovation et d'hérésie l'emploi des mots et
des formules qui sont simplement la mise en relief
d'une vérité déjà implicitement enseignée par l'ancienne
Église, n'est-ce pas condamner aussi les sept premiers
conciles généraux ? N'ont-ils pas expliqué et complété
divers articles du symbole des Apôtres, à mesure qu'ils
étaient mis en doute ou mal interprétés par les hérétiques ? L'Église orthodoxe croit aujourd'hui à la divinité des trois personnes de la Sainte Trinité ; elle professe que le Saint-Esprit procède du Père, qu'il existe
en Jésus-Christ une seule personne avec deux natures
et deux volontés, qu'il faut vénérer les saintes images,
non les adorer. Eh bien, même après le premier concile de Nicée (325), aucun de ces articles n'était
encore expressément formulé. Ils n'ont été complètement énoncés et traduits sous leur forme actuelle que
dans les conciles suivants. Pourquoi le droit de définir
les vérités de foi serait-il épuisé depuis le septième
concile ?

Nous prévoyons la réplique : les *orthodoxes* admettent les actes des sept premiers conciles, parce que, à
leurs yeux, ils furent œcuméniques, c'est-à-dire accep-
tés d'un commun accord par l'Orient et l'Occident.

Fort bien ; mais n'oublions pas qu'il importe moins

encore d'accepter à la lettre les décisions de ces conciles
que d'en savoir pénétrer l'esprit. Loin de condamner les
décisions que pourraient porter plus tard les représentants de l'Eglise dûment assemblés, ils les ont implicitement approuvés, par le fait même qu'ils précisaient et
affirmaient certains points de doctrine jusque là peu
aperçus ou incomplètement étudiés. Qu'importe, dès
lors, qu'ils n'aient pas tranché directement quelques
questions qui ne se posaient pas encore nettement !
Il fallait attendre que la négation des hérétiques ou
quelque autre circonstance vînt mettre l'Eglise en demeure de se prononcer. Alors seulement, l'enseignement jusque là implicite et discret de la tradition, devait
trancher avec une autorité irréfragable les points en
litige. Ainsi, la plante, qui sort à peine de terre, échappe
au regard distrait. Viennent la pluie et quelques chauds
rayons du ciel, cette fleur étalera aux yeux des plus
inattentifs le dessin admirable qu'elle recèle et qu'un
œil observateur aperçoit déjà.

Au reste, puisque les Grecs orthodoxes acceptent les
décrets des premiers conciles, par la raison qu'ils furent
œcuméniques, ils doivent pour la même raison admettre
les décisions du 4° Concile de Constantinople (869)
auquel prit part Ignace, le patriarche de Constantinople ;
ils doivent admettre les décisions du 2° Concile de Lyon
(1274) et celles du Concile de Florence (1438-39), où se
réconcilièrent l'Orient et l'Occident. Dire que ce fut l'in-
térêt politique qui amena cet accord, c'est outrager la
mémoire des vénérables prélats orientaux qui, après de
libres discussions, le sanctionnèrent. Rejeter leur for-
mulaire de foi sous prétexte qu'il rencontra quelques
opposants, c'est plus pitoyable encore : comme s'il
suffisait d'une demi-douzaine de contradicteurs pour
annuler des actes pleinement consentis par tous les
autres membres d'une vaste assemblée ! Comme si les
Pères des sept premiers conciles avaient toujours été

unanimes en formulant les canons, qui ont pourtant force de loi dans l'Eglise universelle ! Voilà pourquoi la logique et l'honneur sont plutôt du côté de ceux qui, au lieu d'imiter la jalouse défiance et l'opiniâtreté de Marc d'Ephèse, suivent le noble exemple des patriarches Joseph II, Métrophane II et Grégoire III, ces partisans convaincus et fidèles de l'union religieuse.

Oublions, si l'on veut, que ces derniers conciles œcuméniques ont pleinement justifié l'Eglise romaine. Acceptons le débat sur le terrain même où le portent les deux encycliques ; discutons une à une les objections de la dernière comme si elles n'avaient pas été pulvérisées cent fois. Voyons si, vraiment, les usages liturgiques et les dogmes que l'on regarde comme des innovations étaient inconnus de l'Eglise des neuf premiers siècles.

CHAPITRE II

DIVERGENCES PLUTOT DISCIPLINAIRES QUE DOGMATIQUES.

1. *Baptême par affusion et par immersion.* — « L'Eglise latine baptisait avant le treizième siècle par une triple immersion, comme l'Eglise grecque. Mais, à partir du xiii° siècle, elle a substitué le baptême par aspersion ou affusion, à l'ancien baptême qui était seul conforme à la tradition apostolique et à la pratique des sept conciles œcuméniques. »

Ce reproche contenu dans l'encyclique patriarcale contraste avec les égards de l'Eglise romaine pour les usages grecs. Que l'on plonge, soit une fois, soit trois fois la tête du néophyte dans l'eau, ou qu'on en verse seulement quelques gouttes sur sa tête, nous croyons que le baptême est valide pourvu qu'il ait été conféré au nom du Père, du Fils et du Saint-Esprit. Libre aux Grecs, par conséquent, de continuer à baptiser par une triple immersion. Mais la coutume de baptiser par affusion n'est ni moins ancienne, ni moins auguste que celle qu'on lui oppose.

Nous ne demanderons pas comment saint Pierre baptisa les trois mille Juifs convertis le jour de la Pentecôte. Voici qui est plus décisif : Est-ce que le baptême des « cliniques », c'est-à-dire des « malades alités » n'a pas été solennellement approuvé par l'Eglise universelle ? Eh bien, n'a-t-il pas toujours été conféré par affusion ou par aspersion ? Qu'on se rappelle, entre mille traits semblables, l'exemple de saint Laurent baptisant saint Lucille dans sa prison, au moyen de quelques gouttes d'eau qu'il bénit et verse sur sa tête. Ce qui prouve que cette pratique fut toujours autorisée par l'Eglise, c'est la recommandation suivante, empruntée à la *Doctrine Apostolique*, écrit qui remonte à la fin du premier siècle : « Si l'eau n'est point assez abondante pour y plonger le néophyte, il suffit d'en verser à trois reprises sur sa tête, au nom du Père, du Fils et du Saint-Esprit. » Encore, dit un témoin de la tradition orientale, est-ce assez d'une seule affusion sur la tête ; car, « le baptême est sûr, du moment qu'on touche le néophyte avec l'eau sainte, en invoquant les trois Personnes divines (1). »

On s'étonne qu'ayant sous les yeux de tels précédents l'Eglise de Constantinople ait pu tenir pour nul le baptême des Latins. Au reste, la proscription était trop arbitraire pour être constante et universelle dans les Eglises orthodoxes. Les synodes réunis à Constanti-

(1) *Doctrine des douze apôtres* (Paris, Lethielleux 1891) p. 191. — Euseb. *Hist. Ecclés.* L. VI, C. 43. — Epist. Id. Cyprian. ad Magnum, n° 12-14, M. III, 1147. — Martène, L. I, C. 1, A. 14-15. — Duchesne, *Autonomies Ecclés.* Eglises séparées, p. 94. — de Rossi, *Bolletino* 876, p. 8. — Citation de Th. Prodrome dans Comnène Papadopoulos *Prænotiones mystag.* (Padoue 1697) Resp. V, III, II.

nople en 1484 et en 1600 ordonnent d'oindre seulement de chrême les Latins qui entrent dans l'Eglise orthodoxe. Il est vrai qu'en 1756 le patriarche Cyrille de Nicomédie prescrivit de leur conférer à nouveau le baptême ; mais cette mesure fut désapprouvée par plusieurs de ses métropolites et de ses successeurs. Quant aux représentants des autres Eglises orthodoxes, ils ne l'observent guère. Il y a longtemps, par exemple, que l'intolérante décision prise au synode de Moscou (1650) par le patriarche russe Romanoff est pratiquement annulée. Ainsi la princesse Alix de Hesse, devenue l'impératrice de Russie, est entrée dans l'Eglise moscovite sans renier son baptême (1894). Russes et Grecs ne seraient-ils point d'accord sur l'essence du baptême ? Si, en effet, un Latin frappe directement à la porte de l'Eglise du Phanar, il est considéré comme un païen ; mais qu'il fasse un détour et passe par Moscou ou Saint-Pétersbourg, et il entrera de plain-pied dans l'Eglise grecque, sans être astreint à recevoir à nouveau le baptême. A vrai dire, les derniers patriarches n'ont pas pris garde que plusieurs de leurs actes ne s'accordaient guère avec leurs paroles.

Il y a dix ans, le patriarche Denys V n'a-t-il pas déclaré que la princesse Sophie de Prusse, la nouvelle épouse du prince royal de Grèce, Constantin, pouvait embrasser la religion grecque sans être rebaptisée ? Quand la princesse Hélène de Monténégro, fiancée au prince royal de Naples, aujourd'hui roi d'Italie, était sur le point d'être reçue dans le giron de l'Eglise catholique, le patriarche Anthime, à la suite du tzar Nicolas II et du Saint-Synode russe, n'a-t-il pas envoyé l'évêque de Lititsa, vicaire de la grande Archichanchellerie, offrir ses félicitations au représentant du prince Nikita ?

De telles inconséquences justifient presque l'ingénue remarque faite par des *orthodoxes* : « Si les représen-

tants de l'Eglise grecque ont rejeté le baptême donné par affusion, ce n'était point qu'il fût nul à leurs yeux ; mais ils voulaient avant tout empêcher leurs coreligionnaires de s'unir aux Latins, en leur faisant croire que ces derniers n'étaient pas même chrétiens. Il nous répugne d'admettre que ces idées machiavéliques aient inspiré les anathèmes d'Anthime VII et de quelques-uns de ses prédécesseurs. Cependant, il suffit d'une mince dose d'érudition pour s'apercevoir que l'usage qui a prévalu en Occident plonge ses racines jusqu'aux temps apostoliques. Si la pratique était légitime en elle-même, les successeurs de Pierre n'avaient-ils pas le privilège de la rendre obligatoire pour l'Occident ? Sans doute, il fallait de graves motifs pour modifier ce point de la vieille discipline. Mais, n'était-ce donc rien de sauver plus parfaitement encore les règles de la décence, surtout après la suppression des diaconesses ? n'était-ce rien de ne point mettre en péril, dans nos rudes climats, la délicate santé de l'enfant ? n'était-ce rien, surtout, d'enfanter à la vie de la grâce des créatures qui en seraient souvent à jamais privées, faute d'une quantité d'eau suffisante pour les immerger ?

2. *Pain azyme, pain fermenté*. — Les Latins confectionnent les espèces eucharistiques avec de la farine et de l'eau, c'est-à-dire avec du pain azyme, au lieu d'employer comme les Grecs du pain fermenté ; tel fut, on s'en souvient, le principal grief de Michel Cérulaire contre l'Eglise romaine. Les théologiens du patriarche Léon d'Achrida, Nicétas Pectoratus s'ingénièrent à montrer que le pain levé est un symbole de vie, d'élévation, d'allégresse, qui a été substitué par le Christ à l'observation légale des azymes. Les théologiens latins Dominique de Grado, Humbert, Anselme, etc., firent ressortir avec non moins d'ingéniosité que le pain azyme doit être préféré au pain levé. Car celui-là est un em-

blème de pureté, qui symbolise admirablement la chair immaculée du Christ ; celui-ci, au contraire, indique plutôt la détérioration, la dissolution, et se corrompt beaucoup plus facilement.

En réalité, les deux usages étaient également respectables. Tel était l'avis de l'archevèque grec Théophy-lacte et de la plupart des théologiens latins. Il est certain que la pratique de l'Eglise romaine est aussi vénérable que celle de l'Eglise grecque. Elle était si générale au temps de Photius, que celui-ci n'a point osé la combattre ; car, nous l'avons dit, le traité *sur les Francs*, qu'on lui a parfois attribué, n'est pas de lui. Plus de deux siècles avant le schisme grec, l'Eucharistie était préparée avec du pain azyme non seulement chez les Francs, mais chez les Maronites, chez les Arméniens et jusque dans les anciens patriarcats grecs de Jérusalem et d'Alexandrie. N'a-t-on pas le droit de conclure avec les légats romains présents au sixième concile général qu'une telle coutume est aussi ancienne que l'Eglise (1) ?

On a beau, enfin, torturer le texte sacré ; on n'y trouve rien qui sanctionne l'emploi du pain levé. Trois évangélistes, en effet, affirment que le Seigneur célébra la Pâque le premier jour des azymes. Or, à ce moment, il était défendu, sous peine de mort, d'user de pain fermenté.

Quelques-uns de nos adversaires, il est vrai, opposent un texte de saint Jean aux déclarations des autres évangélistes et en concluent que Notre-Seigneur célébra la Pâque le 13 nizan, avant le premier jour des azymes. Mais n'est-il pas plus vraisemblable que le Christ si at-

---

(1) Cf. Migne, P. G. cxxvi, p. 231 et 246 ; cxxiii, 441, 442, 10'3 ; — Hergenrœther, son *Photius*, III, p. 785 ; — *Epist Leonis IX ad M. Cerul.* M. P. L. cxliii, 775 ; — Justin. *contr. Tryph.* n. 41 ; P. G. vi, 563 ; — Epiph. *Contr. Hœres.* c. xxxv, n. 16 et 22. — Mabillon, de *Pane azymo et ferm.* (Paris, 1674). — Textes script., Math. xxvi, 17 ; Marc. xiv, 12 ; Luc, xxii, 7, 8 ; Jo. xiii, 1, 2.

tentif à observer la Loi, quand elle ne contrariait pas le grand œuvre rédempteur, n'a point violé ici l'observance mosaïque? Le pain azyme n'était-il pas aussi apte que le pain fermenté, à devenir, entre ses mains toutes-puissantes, son corps sacré ? Et puis, s'il eût dérogé à la Loi, les Pharisiens avertis par le maître du cénacle et par Judas ne lui eussent-ils pas reproché un manquement qui était à leurs yeux le plus grand des crimes ?

D'ailleurs, le récit de saint Jean doit se concilier avec celui des autres évangélistes. On a proposé plusieurs explications pour mettre d'accord les deux narrations ; elles sont incomparablement plus simples et plus cohérentes que toutes les hypothèses qu'on leur oppose. Pourquoi, par exemple, en parlant du jour de la fête pascale, saint Jean n'aurait-il pas désigné le jour naturel que les Hébreux comptaient de minuit à minuit, et les synoptiques n'auraient-ils pas entendu le jour légal, qui se comptait de la vigile au soir jusqu'au soir du lendemain ?

L'Eglise latine peut donc, à meilleur droit que l'Eglise grecque, se prévaloir de l'exemple de Notre-Seigneur instituant la sainte Eucharistie. A plus juste titre encore pouvait-elle en appeler à un autre passage des Ecritures. Plusieurs Pères, tant parmi les Latins que parmi les Grecs, sont persuadés que le Christ, en se manifestant aux deux disciples d'Emmaüs, les communia de son corps et de son sang. Or, tout porte à croire que le pain qu'il leur rompit était azyme ; car les sept jours où il était prescrit n'étaient point encore écoulés.

Si on nous répond qu'on ne peut décider péremptoirement de quel pain s'est servi Notre-Seigneur, eh bien, il en résulte simplement que nulle des deux Eglises ne peut s'autoriser exclusivement de son exemple ou de son précepte. Partant, l'une peut continuer d'employer le pain fermenté et l'autre le pain azyme sans préjudice pour l'unité de foi.

3. *Consécration : Paroles de N.-S. ; Épiclèse.* — Nous croyons que le prêtre change le pain et le vin au corps et au sang divins, au moment où il profère les paroles du Sauveur instituant la sainte Eucharistie : « *Hoc est corpus meum... Hic est calix sanguinis mei...* » Les Grecs non-unis attribuent, au contraire, cette mystérieuse efficacité à une prière qui suit la formule précédente et dans laquelle le prêtre grec supplie Dieu d'envoyer son Saint-Esprit pour faire du pain et du vin le corps et le sang de Jésus-Christ. Cette prière s'appelle épiclèse, du mot grce ἐπίκλησις, qui signifie invocation.

De la théorie à laquelle s'attachent aujourd'hui les orthodoxes, Photius et Cérulaire ne font pas même mention ; elle remonte à un archevêque grec du treizième siècle, Nicolas Kabassilas, et contredit la doctrine des Pères, de Tertullien, d'Ambroise, de Justin, d'Irénée, de Grégoire de Nysse, de Chrysostome. Rappelons seulement deux textes de ce dernier. « Le prêtre dit : Ceci est mon corps, et cette parole transforme les oblations »... « Ceci est mon corps ; à chaque table sainte de nos églises, la force de cette parole opère jusqu'à ce jour et opérera jusqu'à la venue du Christ (1). »

Où trouver, en effet, une formule plus claire, plus solennelle que celle de Jésus, instituant la sainte Eucharistie ? Impossible de s'y méprendre ; il n'en prononce pas d'autre. Aussi sommes-nous surpris que les Grecs, si jaloux de garder invariables les *formes sacramen-*

(1) *De Proditione Judæ*, Homil. 1ᵃ, n. 5-6 ; Migne, P. G.. vol. 49, p. 380. — Justin, *Apolog. Iᵃ*, n. 66, VI, 428-429. — Irénée, *Adv. Hœres.*, L. V, ii, n. 3 ; VII, 1125. — Grég. Nyss, *Orat. Catech.*, xxxvii, XLV, 98ᵃ. — Tertull., *Contrà Marcion.*, L. IV, xl ; P. L., t. II p. 460. — Ambros., *De Sacram*, L. IV, chap. v, n. 22-23, t. XVI, p. 444. — Cf. P. Le Bachelet : *Etudes* du 20 mai et du 20 juin 1898.

telles précisées et appliquées par le Christ, substituent ici à sa parole la plus expresse une invocation, dont les Ecritures ne font pas même mention.

S'ensuit-il que cette dernière prière de l'office grec soit inutile ? Nullement. Elle explique aux fidèles comment, sous l'action toute-puissante de Dieu, le pain et le vin du sacrifice viennent d'être changés, en un clin d'œil, au corps et au sang de Jésus-Christ. Et puis, si la transsubstantiation est opérée, le corps sacré de Jésus présent sur l'autel n'a pas encore transformé les âmes par son divin contact. Dans l'épiclèse, le prêtre demande qu'il produise ses salutaires effets en ceux qui vont le recevoir.

Malheureusement, les Grecs actuels confondent encore l'élément essentiel avec l'élément secondaire. Ils ne remarquent pas que, dans plusieurs sacrements, les paroles et les rites caractéristiques qui en constituent la forme et l'essence, sont suivis d'autres paroles et d'autres rites, qui en sont pour ainsi dire le commentaire. On en trouve un exemple saillant dans les rites de l'ordination chez les Latins. Ici, l'ancienne oraison consécratoire et la première imposition des mains constituent l'essence du sacrement ; la porrection des vases sacrés et les paroles qui l'accompagnent en forment le commentaire aussi clair que précis. Il n'en faut pas moins prendre garde, à notre avis, de substituer la porrection des vases sacrés à l'imposition des mains et à l'oraison consécratoire.

4. *Communion sous une ou deux espèces.* — Les Grecs accusent l'Eglise Romaine d'avoir, « contrairement à l'ordre du Seigneur et à la pratique universelle de l'Eglise des neuf premiers siècles, privé les laïques du saint Calice ».

Ils ne remarquent pas que l'invitation de Notre-Seigneur à boire son précieux sang, sous les espèces du vin, s'adresse non à tous les chrétiens, mais seulement aux apôtres et à leurs successeurs, auxquels est conféré le pouvoir d'offrir en sacrifice le corps et le sang rédempteurs (Matt. XXVI, 27). On nous dit : Contestez-vous que Notre-Seigneur ait fait un précepte à tous les fidèles de se nourrir de son corps et de son sang ? Assurément non : mais pour obéir au commandement divin, il n'est pas nécessaire de recevoir l'Eucharistie sous les deux espèces distinctes. Car, le Christ ressuscité ne mourant plus, il est présent sous l'une et l'autre espèce ; où se trouve son corps, se trouve aussi son sang, et réciproquement. En prenant une parcelle de la sainte Hostie, le fidèle reçoit donc aussi réellement le Christ que s'il recevait l'hostie et le calice en leur entier. Ce n'est point nous qui parlons ici, c'est Jésus-Christ qui nous dit : « Je suis le *pain vivant* descendu du ciel, celui qui mange de *ce pain* vivra éternellement (Jo. VI, 51-52-58).

S'il existe un précepte absolu, universel de communier sous les deux espèces, « l'Eglise des sept conciles » l'a violé avant nous. Ne donnait-elle pas aux enfants la communion sous les seules espèces du vin ? (1). Cet usage ne s'est-il pas perpétué en Orient ? « L'Eglise des sept conciles » ne conservait-elle pas, pour les malades, la sainte Eucharistie sous les seules espèces du pain ? Témoins, entre beaucoup d'autres, le vieillard Sérapion à qui un enfant porta le pain consacré, et saint Ambroise, mourant, qui le reçut de la main de saint Honoré de Verceil. A défaut de prêtres, les hommes laïques étaient chargés du précieux dépôt. Faute d'hommes, cette mission était confiée aux femmes. On portait la Sainte Eucharistie enveloppée dans un morceau de toile

---

(1) Cyprien, *De Lapsis,* chap. XXV-XXVI, annot. de Baluze ; Migne, IV, 485-486. — Eusèbe, *Hist. eccl.,* L. VI, chap. XLIV ; Migne, XX 634 ; Martène, I. L. I, chap. V. — Udalric : *Des Coutumes de Cluny,* L. I, chap. VIII ; Migne, CXLIX, 653.

très fine et très blanche, dans du papier ou une feuille de vigne qu'on brûlait ensuite, ou dans un morceau de pain que l'on mangeait après la communion.

C'était un vieil usage, chez les moines de Cluny, de ne donner la communion aux malades que sous la seule espèce du pain, trempé dans du vin non consacré. Encore, le privilège de communier ainsi dans la primitive Eglise n'était pas réservé exclusivement aux infirmes. Beaucoup de fidèles, surtout des anachorètes et des confesseurs de la foi emportaient la sainte hostie chez eux. Les hommes la recevaient dans la main droite, les femmes dans un voile enroulé autour de leurs mains ; ils la portaient dans de petites boîtes suspendues à leur cou ou cachées sur leur poitrine, et la conservaient dans un coffre, une armoire, un oratoire domestique jusqu'au moment où ils s'en nourrissaient (1).

Or, l'Eglise a le droit de régler, dans l'administration des sacrements, ce qui n'en constitue pas l'essence. Il lui appartient, si elle juge à propos, d'en abréger les rites, d'en simplifier la liturgie. L'Eglise romaine a cru opportun de poser en règle générale, pour l'Occident, un usage qui avait toujours existé, mais à titre d'exception. La communion sous la seule espèce du pain consacré, en devenant plus fréquente, n'a point perdu son essence de sacrement. Il est seulement question de savoir si la mesure prescrite a été, en principe, légitime. La réponse est d'autant moins douteuse, que les circonstances elles-mêmes l'exigeaient. Il était expédient, en effet, de ne point exposer le précieux sang, particulièrement aux jours de grande affluence, à être répandu ou profané. Il paraissait urgent de ne point mettre en péril la validité du sacrement, surtout dans les pays de

(1) Tertull., L. II, *ad Uxor.*, chap. v ; Migne, I, 1296 ; *Lib. de Oratione*, chap. xix, 1182-1183. — Ambros. *De excessu fratris sui Satyri*, *Lib. I*, n. 43, XVI, 1304. — Zénon de Vérone, L. I, *Tractatus V*, n. 8, note 29 ; *tractat. XIV*, n. 4, note 18, XI, 309-358-359-361. — S. Basilius, *Épist. 93, ad Cæsariam* ; Migne, P. G., XXXII, 484-485.

septentrion, où le vin est rare, où l'on éprouve de grandes difficultés à se le procurer pur et à le conserver.

Enfin, il fallait tenir compte de certaines répugnances que l'état des mœurs et de la civilisation accusait de plus en plus. Bien des fidèles sentaient quelque dégoût à s'approcher d'une coupe qui avait circulé de lèvre en lèvre. Les prêtres orthodoxes ne nous contrediront pas, eux qui voient si souvent, dans les grandes villes, les communiants s'approcher de la table sainte, tenant à la main leur propre cuiller, et refusant de se servir de la cuiller d'or commune, par crainte, disent-ils, des microbes.

5. *Le Purgatoire*. — L'opposition entre les deux Eglises est plus apparente que réelle ; les Grecs en conviendraient si on pouvait dissiper quelques malentendus.

Pour nous, croire au purgatoire c'est simplement croire qu'il existe, pour certaines âmes, au sortir de cette vie, un état intermédiaire entre le bonheur des saints et le malheur des damnés. Parties de ce monde, chargées soit de fautes légères, soit de fautes graves, déjà pardonnées, mais insuffisamment expiées, elles ne figurent point encore dans le séjour des saints, où n'entre rien de souillé. Force leur est de satisfaire d'abord à la justice incorruptible de Dieu. D'autre part, aucun de leurs péchés n'est assez lourd pour les entraîner dans l'éternel abîme. Pourquoi l'ensemble des conditions par lesquelles ces âmes se purifient des restes de leurs souillures, ne serait-il pas appelé purgatoire ? Ce qui est essentiel, c'est de croire qu'elles éprouvent quelque souffrance, et que, les survivants, prêtres et fidèles, peuvent les soulager, hâter le moment de leur délivrance, par leurs prières, leurs bonnes œuvres, et surtout par le saint Sacrifice de la messe.

Or, tel est aussi le sens exact des professions de foi

admises par les anciens représentants de l'Eglise grecque, c'est-à-dire par Michel Paléologue, au deuxième concile œcuménique de Lyon, par les Pères grecs assemblés à Florence (1), par Pierre Mogilas dans son célèbre catéchisme, approuvé par le concile de l'Eglise grecque à Jassy (1643), enfin par les évêques grecs réunis en synode à Constantinople (1634) et à Jérusalem (1672) (2).

N'est-ce pas, d'ailleurs, l'enseignement actuel de « l'Eglise des sept conciles » ? Quand « elle implore la miséricorde de Dieu pour le pardon et le repos de ceux qui sont morts dans le Seigneur », que veut-elle dire, si elle n'admet pas un état intermédiaire entre le ciel des élus et l'enfer des réprouvés ? Qu'elle désigne, à l'exemple de plusieurs Pères et parfois de l'Eglise romaine, sous le nom d'enfer, et le séjour des âmes fidèles non entièrement purifiées, et la demeure des damnés, peu importe. Ce qui est certain, ce qui est admis des théologiens orthodoxes, c'est que leur situation est essentiellement différente. C'est même sur cette différence que repose l'objection des Grecs contre le Purgatoire : ils ne veulent de châtiments que pour les damnés. Cependant, à nier toute peine pour les âmes qui ne sont ni parmi les élues ni parmi les réprouvées, n'y a-t-il pas flagrante contradiction ? On « implore » pour elles « le pardon, le repos ». Il s'ensuit qu'elles sont encore, à quelque degré, l'objet de la colère de Dieu, qu'elles ne sont pas complètement quittes envers sa justice. La foi catholique ne dit rien de plus.

Qu'on ne dise pas que, l'accord fût-il établi sur les points précédents, il reste encore une divergence essentielle entre le symbole des Latins et celui des Grecs,

____

(1) Denzinger : *Ench. symb. et déf.*, n. 387, 587, 866.

(2) *Acta Orient. Eccles.* à Schelstraté, pars I, n. 17, p. 665 ; chap. x, p. 658 ; *Orthodoxa confessio orientalis Ecclesiæ*, pars I, interrog. 61-65, p. 474-476 ; *ibid.*, p. 130 ; — Leo Allatius, *De utriusque ecclesiæ... in dogmate de Purgatorio consensione*, Rome, 1655.

puisque, d'après les premiers, les âmes détenues en
Purgatoire sont tourmentées par le feu, et que les derniers n'admettent pas ce supplice. Il serait peut-être
aisé de justifier cette croyance (1). Mais à quoi bon ?
Nous ne devons pas être plus sévère que les juges auto-
risés de la foi catholique. Or, que le feu du purgatoire
soit réel, c'est une opinion fort vénérable, sans doute,
mais non un dogme de foi. Libre aux Grecs de n'y voir
qu'un symbole de douleur ou de regret. Cette divergence
n'a pas empêché l'union, aux conciles de Lyon et de
Florence. Elle ne l'empêcherait pas davantage aujour-
d'hui.

6. *Les indulgences*. — Les Grecs ne voient-ils pas que
dénier au pape le pouvoir d'accorder des indulgences,
soit en faveur des vivants, soit en faveur des défunts,
c'est repousser plusieurs des vérités sur lesquelles repose l'économie du salut ? Comment, en effet, croire
qu'un Dieu est mort pour les hommes, sans convenir
que ses mérites sont surabondants, infinis, qu'ils ont
excédé, par leur prix, toutes les grâces de pardon
accordées jusqu'à cette heure au genre humain ? Or, ce
surplus précieux ne peut se perdre ; c'est, d'après la
doctrine catholique, un trésor dont l'Eglise a la garde,
et où elle puise en certains cas pour payer à Dieu les
dettes de ses enfants.

En outre, les souffrances de Jésus ont communiqué
aux souffrances et aux bonnes œuvres des saints une
valeur surhumaine. Mélée au sang des martyrs, une
goutte du sang de l'Homme-Dieu lui a donné la vertu
d'expier et de satisfaire pour les péchés d'autrui, tout au
moins d'effacer une partie de la peine temporelle impo-
sée à l'âme pécheresse dont la coulpe a été pardonnée.

(1) Voir l'*Eucologe de l'Eglise grecque*, imprimé à Venise, pp.
391, 412, 436, 459.

Or, beaucoup de mérites de ces fidèles d'élite sont restés inappliqués. Demeureront-ils inutiles, quand il n'est rien dans la nature, pas une goutte de rosée, pas un rayon de soleil, qui ne contribue à faire mûrir quelque fruit et germer quelque fleur ? Les mérites des saints, vivifiés par le sang rédempteur, gardent donc, par delà le tombeau, une haute valeur et une grande influence sur le cœur de Dieu. C'est pour cela qu'on les invoque dans l'Eglise grecque aussi bien que dans l'Eglise latine. Cette intercession n'est elle-même qu'une application d'un dogme plus étendu, la communion des saints, par laquelle le ciel, la terre et le purgatoire, c'est-à-dire l'Eglise triomphante, l'Eglise militante et l'Eglise souffrante restent intimement associées. Tels les membres d'une même famille, malgré la distance et la situation qui les séparent, ne laissent pas de se venir mutuellement en aide.

Ces vérités fondamentales étant agréées des *orthodoxes*, ils sont bien forcés d'admettre ces autres vérités intimement liées avec les premières, et que je formule ainsi : Les indulgences consistent dans la remise plus ou moins complète des peines temporelles, réservées à une âme après l'absolution de ses péchés. Cette remise est faite par le chef de l'Eglise et, sous son autorité, par ses plus hauts représentants. Elle n'est pas gratuite, puisque les mérites des saints et surtout de Notre-Seigneur en constituent le payement. Elle n'est pas attentatoire aux droits de Dieu, puisque le Christ en donnant à ses apôtres, unis à leur chef, les clefs du royaume des cieux, leur a conféré le pouvoir d'éloigner tous les obstacles qui en retardent l'entrée : « Tout ce que vous délierez sur la terre, leur a-t-il dit (Matth., xvi, 19), sera délié dans les cieux. » Sans doute, par ces paroles, il faut entendre, avec les péchés commis après le baptême, toutes les peines qu'ils entraînent d'après la loi naturelle et le juste jugement de Dieu.

Cette remise, enfin, n'est pas arbitraire : de sévéres conditions en limitent l'usage. Les ámes qui en bénéficient sont tenues à certaines prières et à certaines bonnes œuvres, faites « en état de gráce » ; elles doivent avoir l'intention d'obtenir les indulgences qui leur sont proposées, soit qu'elles s'en appliquent à elles-mêmes le bénéfice, soit qu'elles s'en dépouillent en faveur des fidèles, vivants ou décédés.

On le voit, le dogme des indulgences est un de ceux qui font le mieux ressortir les attributs de Dieu, surtout sa justice et sa miséricorde, un de ceux qui excitent le plus la piété chrétienne, et donnent à la fraternité humaine son plus large essor ; car il établit entre la terre, le purgatoire et le ciel un courant ininterrompu de prières et de bonnes œuvres, dont le Cœur sacré de Jésus reste à jamais le centre vivifiant et le principe moteur.

Qu'on juge, d'ailleurs, l'arbre à ses fruits. Il est tels jubilés qui ont marqué dans les nations chrétiennes un réveil inattendu de la foi et un recul général de l'impiété. On dit que Voltaire, témoin des résultats du jubilé de 1775 se serait écrié : « Encore un événement pareil, et c'en est fait de la philosophie. »

Nous prévoyons la réplique : « Avantageux, tant qu'il vous plaira, ce dogme n'en est pas moins nouveau. Or, toute innovation est interdite dans l'Eglise. » Que la forme et le mode des indulgences se soient transformés avec le temps, c'est indéniable. On n'en trouve pas moins l'origine dans l'Evangile et la tradition apostolique. Tels ces fleuves dont on perd presque la trace à leur naissance, qui cheminent longtemps, à peine visibles, dans leur lit profond, jusqu'au moment où ils s'étendent, majestueux, à travers les campagnes.

Ainsi en est-il du dogme des indulgences. Saint Paul l'affirme, quand il remet à l'incestueux de Corinthe une partie de sa peine (II, Cor., ii, 10.) Supposons, avec nos adversaires, que Dieu ne ratifie pas la sentence de l'Apôtre, qu'il retarde seulement jusqu'à la vie future l'expiation de la peine encourue, il devient évident que le pardon octroyé par saint Paul n'est plus un allègement, mais une aggravation. Raisonnez de même à propos des pénitences canoniques, que les évêques de la primitive Eglise remettaient aux apostats, en considération des mérites de tels confesseurs de la foi qui avaient intercédé pour eux.

Tous les évêques voyaient donc, à cette époque, dans les pénitences canoniques d'un temps déterminé, des peines à la fois médicinales et expiatoires. Aussi, en les abrégeant ou les adoucissant, ils avaient l'espoir bien fondé que Dieu acceptait les compensations des saints qui lui étaient offertes et se relâchait, en faveur des coupables, de la rigueur de sa justice (1).

Leur exemple s'est, d'ailleurs, perpétué, même dans l'Eglise grecque. Maintes fois, les patriarches du Phanar ont décrété, sous le nom de lettre ou de bref de pardon », ce qu'ils blâment chez le pontife romain. Nous avons justement sous les yeux un de ces billets d'indulgences qui fut délivré par Anthime VI au mois de juin 1846. En voici la partie essentielle (2) : « *En vertu du droit de lier et de délier accordé par Notre-Seigneur*... En vertu de la divine et inépuisable grâce qui a passé des apôtres jusqu'à nous par succession, *nous avons absous et délié de tout péché spirituel et*

______

(1) S. Cypriani. *Epist.* 13, 14, 16, etc. Migne, IV, 260, 274-278, 280-281. — *Liber de Lapsis*, n. 17, p. 480. — Conc. Nicœn., can. 12. — Concil. Ancyran. (an. 314), can. 2 ; Conc. Carthag. (an. 398), can. 4, Mansi, III, 693. Plusieurs des canons attribués à ce dernier synode lui sont postérieurs, c'est-à-dire du cinquième ou du sixième siècle.

(2) *Réponse à la lettre patriarcale et synodale de l'Eglise de Constantinople sur les divergences qui divisent les deux Eglises*, par M. Maxime Malatakis, prêtre grec uni : p. 59 du texte grec et 64 de la traduction française. Constantinople, 1896. In-8, pp. 200. — La *Revue de l'Eglise grecque unie* indique la forme et le prix de ces diplômes libérateurs de l'enfer (lisez : du purgatoire). Février, 1889, p. 214-215.

corporel, le serviteur de Dieu, Christodule, qui repose ici... » Il est clair que sous le nom de péché corporel, σωματικοῦ ἁμαρτήματος, il faut entendre l'élément matériel, ou selon le mot de saint Paul, le « corps du péché » ; terme par lequel les saints Pères et les théologiens désignent non seulement la concupiscence qui entraîne au péché, mais la peine qui l'accompagne. C'est de la dernière, à n'en pas douter, que parle ici Anthime VI. Il paraît manifeste aussi que sous le nom de péchés spirituels il entend les peines temporelles de l'autre vie, peines attachées à des fautes dont le coupable a mérité l'absolution avant sa mort. Car nous ne supposons pas qu'Anthime VI se soit avisé de remettre effectivement les péchés d'une âme qui n'était plus sous sa juridiction et ne pouvait plus, d'ailleurs, coopérer à sa propre justification. Même réduit à ces limites, le billet de pardon signé du patriarche n'est-il pas semblable à ceux que délivre le pape ?

7. *La Béatitude avant la Résurrection.* — Les auteurs de la dernière encyclique patriarcale et synodale prétendent que le bonheur des élus n'est pas complet avant le jugement dernier. Peut-être cette opinion s'écarte-t-elle moins qu'il ne semble d'abord du dogme catholique. Nous croyons, il est vrai, que les justes reçoivent dès leur mort la récompense de leurs mérites. Mais n'oublions pas qu'il s'agit uniquement ici de la félicité réservée à l'âme. Malgré son ravissement de voir Dieu, comme il est, de plonger par l'intelligence et l'amour dans son essence, on ne peut dire que la béatitude *humaine*, la félicité du composé humain, de l'homme complet soit entière. Le bonneur de l'élu est aussi intense, soit ; aussi étendu, non pas. Après la résurrection, l'imagination, les sens, le corps entier devenu l'instrument souple et docile de l'âme sainte, tressaillera des mêmes joies, vibrera des mêmes trans-

ports. Ces organes matériels, — comme des serviteurs
longtemps oubliés, — seront enfin associés à la glori-
fication de l'âme, et compléteront, en lui donnant plus
d'étendue, sa béatitude.

Est-ce là ce que veut dire l'auteur de l'encyclique,
quand il déclare que les justes ne sont pas entièrement
récompensés avant la résurrection générale ? En ce cas
nous tombons d'accord. Soutient-il, au contraire, que
le bonheur actuel de l'âme juste diffère essentiellement
par ses degrés du bonheur dont elle jouira un jour ?
Conteste-t-il que les esprits auxquels il ne reste rien à
expier, jouissent dès maintenant de la vue immédiate
de Dieu ? Si telle est son opinion, il est en opposition
avec la tradition unanime de tous les siècles chrétiens.
Certes, saint Paul ne rêvait pas d'une sorte d'assoupis-
sement jusqu'au moment de la résurrection, quand il
s'écriait : « Je désire que les liens qui retiennent mon
âme soient brisés pour être avec le Christ (1). » Les
Pères ne songeaient pas à une demi-béatitude, quand
ils parlaient du bonheur des justes, admis, dès leur
sortie de ce monde, « à contempler Dieu », « à le voir
face à face », « à jouir de lui », « à recevoir directement
la pure et incomparable illumination de la Sainte Trinité ».

Au sein de l'Eglise orientale, l'erreur contraire de
quelques théologiens n'a jamais prévalu au point d'é-
touffer le dogme traditionnel. Celui-ci transparaît dans
les plus anciennes confessions ; il est nettement affirmé dans le panégyrique de tous les saints, prononcé
par le diacre oriental Constantin et loué par le deu-

(1) *Phil.*, I. 23-24 ; II, *Cor.*, v. 6, 7, 8 ; — *Matth.*, xiv, 58. —
Joan. Plusiadenus (sive Joseph-Methon.), *Apologet. pro quinque
capitibus synodi florentinæ*, cap. iv. Migne, P. G., CLIX, 1875 *sqq;*
— Nillès, *Kalend. utriusque Ecclesiæ* (1ᵉ édit.), t. II. p. 25-30 : p.
424-426. — Kimmel. *Lib. symbol. Eccles. orient.*, t. I, p. 138 ; —
Card, Maï, *Spicilegium Rom.*, t. X. Migne, P. G., LXXXVIII, 519,
523-528, surtout la fin du n. 40, p. 525, et la note, p. 477.

xième concile de Nicée (an 788) ; on le retrouve claire-
ment enseigné jusque dans les manuels classiques de
théologie orthodoxe. Par exemple, l'archimandrite
Sylvestre, à qui son savoir et son orthodoxie valurent
la mitre, affirme que les âmes pieuses, au sortir de
cette vie, sont immédiatement reçues dans le ciel,
voient Dieu face à face, et jouissent de toute la béatitude dont est susceptible l'âme séparée du corps. Il
mentionne, lui aussi, les textes de l'Ecriture auxquels
renvoie le manifeste de Constantinople, mais c'est pour
les réfuter. La couronne de justice, dit-il, que saint
Paul attend de Dieu au jour du jugement, ne doit pas
s'entendre de la récompense qui est due à l'âme séparée, mais de celle qui est réservée à toute la personne
humaine. L'âme pure jouit de la première, au sortir de
son corps. L'autre n'est accordée qu'après la résurrection.

Le théologien russe réfute une à une les autres
objections, et montre que la gloire, dont jouissent dès
maintenant les saints, n'enlève point sa raison d'être
au jugement dernier. Car, il convient que la souveraineté du Christ et sa gloire de Rédempteur éclatent
devant l'univers entier ; que sa justice et sa miséricorde
triomphent solennellement ; enfin, que les justes soient
exaltés et les méchants couverts d'opprobre, à la face
du genre humain, témoin à la fois du rejaillissement
de bonheur qui de l'âme rayonnera sur tout le corps
des bienheureux, et du surcroît de souffrances et d'igno-
minie qui s'étendra sur le corps entier des damnés (1).

8. *L'Immaculée-Conception.* — L'encyclique grecque
de 1895 déclare que « l'Incarnation du Verbe divin est la
seule pure et immaculée et que l'Immaculée-Conception

---

(1). *Compendium Theologiæ classicum...* Doctrinæ orthodoxæ
consonum, edit. 2·, Moscou, impr. du Saint-Synode, 1805, cap. LVII,
p. 576-585.

de Marie est un dogme nouveau, jadis combattu par
les plus grands théologiens catholiques ».

Relevons d'abord une méprise. On semble croire que
nous mettons sur le même rang la conception du Christ
dans le sein de Marie et la conception de Marie dans le
sein de la bienheureuse Anne. Est-il nécessaire de le
rappeler : nulle autre créature que sa Mère n'a eu de
part à la conception de Notre-Seigneur ; Marie, au
contraire, a reçu l'existence d'après les lois naturelles
établies par le créateur. Fille d'Adam, elle était enveloppée en principe dans la proscription qui l'avait
frappé, lui et sa race ; mais le sang qu'elle allait fournir
au Christ devait être préservé de toute souillure. Il était
naturel que le sang rédempteur refluât vers sa source
pour la purifier, pour en faire le sanctuaire digne de
Dieu. Au premier instant où l'âme de la sainte Vierge
était créée, elle fut préservée de la tache originelle,
c'est-à-dire ornée de la grâce sanctifiante en vue des
mérites de son divin fils.

Le péché originel, en effet, n'est autre chose que la
privation de la grâce sanctifiante, à laquelle a été con-
damnée toute la race humaine, par suite de la préva-
rication de son chef. Mais, cette grâce, Dieu ne pouvait
la refuser à Marie. La pureté absolue du Christ, son
étroite union avec la sainte Vierge, l'éminente dignité
de celle-ci, devenue Mère de Dieu, son rôle de co-
rédemptrice sous les ordres de son divin Fils, son titre
enfin de Reine des Anges exigeaient qu'elle fût exempte
de la tache originelle.

Ainsi entendu, le privilège de Marie ne déroge en
rien à la gloire de Jésus, dont il forme l'un des rayons,
pas plus que l'aurore ne ternit l'éclat du soleil, dont elle
nous envoie le doux reflet.

L'Immaculée-Conception est le reflet nécessaire de
l'Incarnation. Où, encore, c'est un fruit dont Dieu
devait orner le jardin où il allait faire sa demeure. Ce

fruit d'abord à moitié caché, les exégètes l'ont montré dans la Sainte Écriture ; il s'est dévoilé de plus en plus sous les rayons de la tradition ecclésiastique, représentée par les Pères et les théologiens, et enfin, amené à sa pleine maturité et à sa complète manifestation, il a été cueilli au jour et à l'heure voulus de Dieu.

On nous somme d'indiquer les témoignages des neuf premiers siècles, qui justifient la décision de Pie IX. Certes, ce ne sont pas les témoignages qui manquent, mais bien l'espace pour les signaler : un volume n'y suffirait pas. L'antiquité chrétienne nous dit, avec saint Ambroise, que « Marie a été par la grâce divine, préservée de toute tache du péché » ; avec saint Sabas, qu' « elle seule a échappé à toute souillure » ; avec saint Ephrem, qu' « il n'y a que Jésus et sa Mère qui soient entièrement beaux, l'un et l'autre étant sans tache et sans souillure (1) ».

Les Pères emploient les expressions les plus variées pour caractériser cette exceptionnelle beauté de la Mère de Dieu. Elle est, disent-ils, « toute chaste », « entièrement pure », « entièrement immaculée », « à l'abri de toute tache, de tout péché », « incomparablement supérieure en grâce à tous les saints et à tous les anges ».

Ces formules se retrouvent aussi souvent sous la plume des Pères d'Orient que sous la plume des Pères d'Occident. C'est même de l'Orient que, vers la fin du septième siècle, s'est répandu, dans l'Eglise, le culte de

---

1. Ambros., *Sermo 22 in psalm, 118,* n. 30, Migne, XV, 1521 — Saint Sabas, *Ode 11 ad Deiparam. Epistola de martyrio sanct. Andreæ apostoli,* Migne, II, 1226 ; — Augustin. *De Naturâ et Gratiâ,* c. 36, n. 42 Migne, XLIV, 267 ; XLV 1418 ; Ephrem Syri, *ad S. Dei Genitricem oratio,* en grec et en latin, édit. d'Assemani, (Rome 1746 et 1747), t, III, p. 577, 549, 529, etc., etc., ; — Theodot. Ancyr. *Homil. 6 in Deiparam,* n. 11 (Migne P. G., LXXVII, 1428) ; — Andreas Cretensis, *Oratio in Nativitatem Deiparœ,* Migne, XCVII, 810) ; — Jean Damasc., *In Deipar. Nativitatem oratio I,* n. 62 et 7 (Migne, XCVI, 663 et 671) ;

Marie Immaculée. On objecte que l'Eglise grecque célèbre la conception miraculeuse de sainte Anne, non celle de Marie ; en d'autres termes, la conception active d'une femme stérile, non l'entrée au monde d'une créature immaculée. Des centaines de textes, aussi clairs que précis, font justice de cette étrange observation ; car ils désignent bien « la Mère de Dieu », la créature « seule innocente entre les enfants des hommes » ; ils mentionnent expressément « la conception par laquelle sainte Anne a conçu la Mère de Dieu ».

Cette fête est même antérieure à la grande séparation de Rome et de Constantinople, puisque les Eglises arménienne, copte, syrienne, chaldéenne, abyssinienne, la célèbrent aussi. Nul doute que la dévotion à Marie Immaculée ne remonte à l'époque où toutes les communautés chrétiennes étaient unies dans une même foi, inclinaient vers les mêmes opinions, sous la garde vigilante des successeurs de Pierre.

On nous dit, enfin, que du douzième au quinzième siècle des maîtres renommés comme saint Thomas, des saints illustres, comme saint Bernard, n'ont point soutenu l'opinion, libre alors, de l'Immaculée-Conception. Que faut-il en conclure ? c'est que leurs conclusions, sur ce point, n'ont pas été d'accord avec certains de leurs principes et leur ardente dévotion envers Marie. Au reste, à toutes les époques, pour un théologien ou un saint qui contestait le miraculeux privilège de Marie, cinq autres se levaient pour le défendre. L'autorité d'un saint Bernard n'empêcha pas ses amis et ses admirateurs de le réfuter. Vers 1180, un religieux anglais, Nicolas d'Alban, tout en louant l'abbé de Clairvaux pour « sa sainteté », blâme la présomption dont il s'est armé contre la Conception de la Mère de Dieu ; et il parle d'un moine de Clairvaux qui, dans une vision, aurait aperçu son ancien abbé couvert d'une tunique éclatante, mais marquée, à la hauteur de la poitrine, d'une tache noire. Attristé, il demande à son Père l'origine de cette tache : « Parce que, répond saint Bernard, j'ai écrit sur la conception de Notre Dame ce qu'il ne fallait pas écrire, je porte sur la poitrine cette tache, comme un signe d'expiation (1). » Il aurait pu, cependant, ajouter que sa fameuse lettre aux chanoines de Lyon, écrite vers 1140, contenait une rétractation implicite : n'y déclarait-il pas soumettre son jugement, sur la fête de l'Immaculée-Conception, à la décision de l'Eglise romaine ? Précieux aveu répété, soixante ans plus tard, par saint Thomas, et qui fait tomber d'un seul coup tout l'échafaudage d'objections abritées par ces deux grands noms.

Il est, d'ailleurs, juste d'observer que les adversaires de l'Immaculée-Conception ne l'attaquèrent pas toujours dans le sens où elle a été définie. Et puis, leur opposition serait-elle plus manifeste, il s'ensuivrait seulement que, si des hommes distingués par leur science et leur vertu n'ont pu arrêter, ni même retarder le triomphe de l'Immaculée-Conception, c'est qu'elle était marquée au coin de la vérité. Quand un de ces courants qui n'intéressent en rien les passions humaines se heurte aux plus puissants des obstacles humains, et, loin de faiblir et de dévier, n'en devient que plus fort, plus irrésistible, c'est une preuve que Dieu même le dirige et qu'il vient des cieux.

(1) Inter *epist. Petri Cellensis. Epist. 172* (Migne, CCII,623) : — *Epist* 171 (*ibid..* p. 617). *Epistola 174* (*Migne* P. L. ; CLXXXII, 336, n· 9, vers la fin) ; — Saint Thomas, II, q. 10, a. 12.

CHAPITRE III

Divergences dogmatiques.

Article Ier. — La procession du Saint-Esprit.

1. *Le Saint-Esprit procède-t-il du Fils ? Léon IX l'a-t-il nié ?* — Comme les Grecs non-unis, nous croyons que la seconde personne de la Sainte Trinité est éternellement engendrée par le Père seul, dont elle est le Verbe infini, l'image substantielle. Lumière unique, unique aussi est le foyer spirituel et incréé d'où elle jaillit. Mais nos frères séparés prétendent que la troisième personne, comme la seconde, ne provient que de la première. Nous affirmons, au contraire, avec tous les catholiques, que le Père, non point isolément, mais avec le Fils, est le principe du Saint-Esprit. D'un seul et même vouloir, d'un amour unique ils produisent l'amour incréé, infini, Dieu lui-même. Si une métaphore pouvait traduire d'une façon sensible ce mystère impénétrable, nous le comparerions à la source qui jaillissant avec force des profondeurs d'un rocher, se heurte, en sortant, à ses parois de granit. L'onde rejetée en arrière et celle qui la suit se brisent, s'unissent et se confondent en une même gerbe étincelante. Tel est, mais incomparablement plus indivisible encore, l'acte par lequel les deux premières personnes de la Trinité « produisent » le Saint-Esprit.

Que le Saint-Esprit procède ainsi du Fils, l'Eglise orthodoxe ne l'admet pas. Ce dogme, nous dit Anthime VII, était inconnu de l'Eglise avant le neuvième siècle... et cent ans plus tard, on a, au mépris de l'antique tradition, inséré dans le symbole romain « l'addi- « tion anti-évangélique et illégale du *Filioque,* adjonc-

« tion que Léon III, pape orthodoxe et défenseur de
« l'orthodoxie avait déjà rejetée en 809 ».

Pour savoir ce que pensait Léon III sur la question
qui nous occupe, il faut rappeler en quelques mots les
origines de l'incident auquel fait allusion la lettre
patriarcale et préciser le rôle du pape qui dut intervenir.

A cette époque, les Orientaux, comme nous le prou-
verons plus loin, tout en reconnaissant que le Saint-
Esprit procède du Fils, ne regardaient point cette vérité
comme un article de foi solennellement adopté par
l'Eglise universelle. En Occident, au contraire, plusieurs
Eglises particulières avaient inséré l'addition *Filioque*
dans leur symbole spécial. Des religieux occidentaux
établis au mont des Oliviers s'avisèrent de réciter publi-
quement le *Credo* ainsi complété, comme ils l'avaient.
entendu chanter dans la chapelle du palais de Charlemagne. Un moine, nommé Jean, du monastère de Saint-
Sabas, s'en déclara scandalisé et souleva le peuple
contre eux. Le clergé de Constantinople, au contraire,
ayant été pris pour arbitre, se porta garant de leur
orthodoxie. Mais c'est du pape qu'ils voulaient obtenir la pleine justification de leur foi.

Quelques-uns d'entre eux partirent donc pour Rome,
avec une lettre de recommandation du patriarche de
Jérusalem, Thomas. Léon III, après les avoir entendus,
fit parvenir à toutes les Eglises d'Orient, une profession
de foi, dans laquelle il était dit à deux reprises : « Nous
croyons à l'Esprit-Saint qui procède également du Père
et du Fils ; » et ce jugement apaisa un conflit, qui ne
devait être réveillé que cinquante ans plus tard, par
Photius (1).

Cependant, Léon III avait envoyé sa profession de

---

(1) *Epist. Monach. peregrin. in monte Oliveti ad Leonem III*,
Baluze : *Miscellanea sacra*, t. II, p. 84 et 85 ; — Migne : *Patr. lat.*,
t. CXXIX, p. 1257-1262 ; — Héfélé, *Conciliengesch.* t. III, p. 698 et *sqq* ;
— Mansi, t. XIII. p. 978 : XIV, p. 10-26.

foi à Charlemagne. Elle fut acclamée au concile d'Aix-
la-Chapelle (809). Puis, à l'issue du synode, l'empereur
expédia des légats au pape pour l'engager à insérer
l'addition *Filioque* dans le symbole que l'on chantait à
la messe.

Cette fois encore, Léon III répéta sa déclaration, à
savoir que le Saint-Esprit procède du Fils comme du
Père, que telle est bien la croyance des Pères de l'Eglise,
garantie par le témoignage des Ecritures ; il ajouta
qu'il interdisait, sous peine d'anathème, de tenir la
doctrine opposée. Quant à insérer la formule du *Filioque*
dans le symbole de Nicée-Constantinople, il n'y con-
sentit pas, ne voulant point fournir à quelques esprits
malveillants ou abusés un prétexte à récriminations.

Le pape s'était ainsi prononcé dans une double question, l'une de foi, l'autre de discipline. A la première :
L'Esprit-Saint procède-t-il du Fils ? il avait répondu,
en invoquant la tradition, par un oui catégorique. A la
seconde : Est-il prudent, opportun, d'insérer ce dogme
dans le symbole de Nicée-Constantinople ? il avait
répliqué qu'en raison des circonstances mieux valait
s'en abstenir. Les successeurs immédiats de Léon III
imitèrent sa réserve. Ce fut seulement vers l'an 1014
que, les circonstances ayant changé, Benoît VIII permit
aux Romains de chanter à la messe le symbole avec
l'addition *Filioque*, et, par conséquent, approuva offi-
ciellement cette insertion.

2. *Le Saint-Esprit procède du Fils ; l'Ecriture et
la tradition latine.* — Avant de nous inviter à rayer le
Filioque de notre symbole, les théologiens grecs non-
unis devraient prouver que, d'après l'Ecriture et la
tradition, le Saint-Esprit ne procède pas du Fils et que,
cette procession fût-elle démontrée, l'Eglise n'avait pas
le droit d'en faire passer l'expression dans le Symbole.
Or, l'Ecriture, non seulement n'affirme nulle part que

l'Esprit-Saint procède du Père seul ; mais elle déclare en maints endroits qu'il procède aussi du Fils. Comment Notre-Seigneur, en effet, pourrait-il se dire l'égal de son Père, s'il ne possédait tous ses attributs, sauf la paternité, s'il n'avait reçu de lui, par conséquent, la même *vertu spirative* à l'égard de l'Esprit-Saint ? Comment le Fils pourrait-il dire avec vérité, en parlant du Saint-Esprit : « Il recevra du mien » (Joan. XVI, 14), s'il n'était, avec le Père, le principe d'où il procède ? En effet, c'est un principe sacré chez les Pères et chez les théologiens qu'une personne de la Sainte Trinité ne peut recevoir d'une autre aucune mission extérieure, si elle ne lui est subordonnée par son origine, c'est-à-dire si elle n'a reçu d'elle, sans réelle dépendance, la même essence infinie, en un mot si elle n'en procède.

Cette interprétation ne nous paraît pas seulement évidente. Les Pères l'ont consacrée en l'adoptant. Point de réel désaccord entre la tradition grecque et la tradition latine. Ce sont deux fleuves nés de la même source, dont la marche est parallèle, et dont les eaux également limpides réfléchissent les rayons du même soleil.

Le Saint-Esprit procède du Fils comme du Père ; voilà ce qui est affirmé, dès le début du troisième siècle, par saint Hippolyte et Tertullien ; et, il est évident qu'ils ne font que répéter l'enseignement qu'ils ont reçu. Au siècle suivant, la même tradition se continue et s'élargit. Saint Hilaire et saint Ambroise emploient contre ceux qui nient la divinité du Saint-Esprit des arguments qu'on retrouve chez beaucoup d'autres Pères d'Orient et d'Occident. Ils en appellent à l'Ecriture, en particulier au témoignage de Notre-Seigneur, rapporté par saint Jean. La preuve que le Saint-Esprit est consubstantiel aux deux autres personnes, disent-ils, c'est qu'il en procède ; et la preuve qu'il procède du Fils, c'est que celui-ci tient du Père la même vertu *spirative ;* c'est que toute communication faite par le Fils au Saint-Esprit s'identifie avec une procession active et immuable (1).

Photius même n'a point osé contester que telle est bien la doctrine de saint Ambroise, de saint Jérôme et de saint Augustin. Les témoignages de ce dernier, rapprochés l'un de l'autre formeraient, à eux seuls, un traité complet. Le Saint-Esprit, observe-t-il maintes fois, ne serait point appelé dans les Ecritures l'Esprit du Fils ; il ne serait point envoyé par lui ; il n'en recevrait rien, s'il n'en procédait. Mais, qu'on le remarque bien, selon l'évêque d'Hippone, le Saint-Esprit procède des deux autres personnes comme *d'un seul principe.* Leur action est plus indivisible que celle de notre esprit et de notre pensée produisant un acte d'amour. Ou plutôt, au point de vue de l'unité, elle est comme la voix du *Fiat* créateur chez les trois personnes divines.

La vérité que les Pères attestent isolément, les évêques réunis en Conciles la confirment. Les deux synodes généraux de Tolède, vers le commencement et le milieu du cinquième siècle, proclament que « le Saint-Esprit n'est ni le Père, ni le Fils, qu'il n'est pas engendré, mais qu'il procède du Père et du Fils. » Cette décision solennelle est provoquée par des hérétiques qui prétendent que le Saint-Esprit a été créé par le Fils. Pour préserver plus sûrement le peuple de ces pernicieuses erreurs, le synode suivant (589) la fait passer dans le symbole de Nicée-Constantinople (2).

---

(1) Nous citons comme auparavant les Pères d'après l'éd. de Migne. Tertullien. *Contr. Prax.* c. 8. M. II, 163-164. *Die canon.* Hippol. Von D. Hans Achelis (Leipzig, 1891) n. 130. — Ambros. *de Spiritu S.* II. c. xi. n. 118 ; c. xii, n. 134. M. xvi, 768 et 771. — Hilar. M. X, 69-70 ; 250-252. Augustin, *de Trinit.* L. iv n. 29 ; L. v, n. 14-17 ; L. xv, n. 41-50 : Migne xlii, 908, 920-922, 1089-1097.

(2) Mansi, iii, 1003 etc. — Héfélé, *Conciliengesch.* iii, 45, 91 ; — *Concile d'Hedtfeld,* Mansi xi, 176 et 177. — *Concil. forojul.* (Frioul) Mansi xiii, 833. — Adresse à Hunéric, dans Victor de Vite (en Afrique) : *Historia persecut. Africæ,* L. 3, n. 1. Migne, P. L. lviii, 219.

Aux nombreux synodes réunis à Tolède, du cinquième au huitième siècle, font écho le concile anglais d'Hedtfeld (680) présidé par Théodore de Cantorbéry, grec de nation, celui de Frioul, présidé par Saint Paulin d'Aquilée (796). Telle la foi de l'Europe, telle aussi celle de l'Afrique; témoins les 684 évêques qui adressent à Hunéric une profession de foi, attestant que le Saint-Esprit procède du Fils comme du Père.

Les papes auraient-ils contredit tant de voix épiscopales ? L'ex-patriarche Anthime VII, à la suite de Photius, a prétendu que Léon Ier n'a pas admis le dogme dont tous ces évêques se portaient les témoins. Erreur ! Léon le Grand, écrivant à Turribius, évêque d'Astorga, a reconnu, comme plus tard Léon IX, que le Saint-Esprit procède aussi du Fils. Je m'étonne que le savant Photius et ses disciples si érudits aient ignoré ce document. Il est encore plus surprenant qu'ils ne semblent pas soupçonner que telle fut aussi la foi des autres pontifes romains et que le Pape Hormisdas en a laissé un mémorable témoignage dans ce passage de la célèbre profession de foi adressée à l'empereur grec Justin II (521) : « Il est notoire que c'est le propre du Saint-Esprit de procéder du Père et du Fils sous une seule substance. » Les circonstances étaient trop graves, pour que cette déclaration n'eùt pas un grand retentissement.

Mais, remarquons-le bien, elle ne produisit ni surprise ni scandale. Le patriarche Jean II et son clergé l'acceptèrent. D'ailleurs, comment protester sans se mettre en désaccord avec les plus illustres Pères de leur Eglise, dont la voix, depuis peu muette, avait excité partout des échos, qui vibraient encore ?

3. *Même vérité prouvée par la tradition grecque.* — Aucun Père grec, en effet, particulièrement durant

— Leonis I *Epist. dogm,* xv. *ad Turrib.* M. P. L. LIV. 680 et 681, Mansi, v, 1290, 1301-1302, note 83. — Epist. 79 *Hormisd. ad Justinum Aug.* Mansi, *Collectio Conc.* VIII, 121.

les six premiers siècles, n'affirme que le Saint-Esprit procède du Père *seul*. La plupart, au contraire, — tels saint Basile, saint Athanase, saint Chrysostome, saint Grégoire de Nysse, saint Grégoire de Nazianze, etc., affirment que la *vertu spirative* par laquelle procède le Saint-Esprit, est commune au Père et au Fils ; que la troisième personne ne peut être appelée l'Esprit du Fils, sans qu'elle en procède ; que le Fils enfin ne peut être parfaitement égal au Père, ni rien communiquer au Saint-Esprit, sans être avec le Père le principe d'une procession éternelle et immanente dont le terme est l'amour subsistant, le Saint-Esprit.

L'idée de cette procession n'est pas seulement exprimée d'une manière générale, sous les formes les plus variées. On la rencontre chez plusieurs dans sa formule la plus précise et la plus technique. Ecoutez le langage de saint Cyrille, dans sa fameuse lettre qui contient les neuf anathèmes contre Nestorius : « Le Saint-Esprit, dit-il, est l'esprit de la vérité ; or, le Christ est la Vérité, et le Saint-Esprit est répandu de son sein (προχεῖται παρ' αὐτοῦ), comme de celui du Père (1). »

Ces paroles ont un sens bien catholique ; car la lettre d'où elles sont extraites fut approuvée par le concile d'Ephèse et les trois qui le suivirent. Dira-t-on qu'elles signifient seulement une mission extérieure reçue du Fils et que celui-ci, par exemple, envoie le Saint-Esprit à son Eglise ? Mais cette interprétation

---

(1) *Epist. Cyrill*. Mansi, IV, 1079, 1091 ; Migne, LXXVI, 182-187. — προέισι ἐκ πατρὸς καὶ υἱοῦ, le même dans son *Thesaurus, Assertio* XXXIV, M. LXXV, 584-585. — προέισι φυσικῶς, ibid. p. 603. — Cf. Basil. *Contra Eunom.* L. V, M. XXIX, 731-740 ; *de Spir. S.,* XXXII, 783. Les objections tirées des textes de S. Maxime, de S. Jean Damascène, etc., sont résolues dans la page qui suit. Voir aussi Lequien. *Dissert. de Spir., S.* Migne, XCIV, 193, 255. — Bessarion, *de Process. Sp. S.;* Mansi, XXXI, 911 et sqq. — Franzelin, de *Trinitate,* sect. III, et *Paralipom.* Examen de la doctrine de l'évêque russe Macaire Bulgakow. — *Hergenrœther,* Migne, CII, 399-542.

est, à tous égards, insoutenable. Au surplus, saint
Cyrille, dans son *Thesaurus,* emploie la même expression pour marquer la relation du Saint-Esprit avec le
Père et le Fils. Ici, à n'en pas douter, il veut dire que
le Saint-Esprit procède du Père et du Fils. Que se
propose-t-il, en effet, dans ce passage ? De prouver que
le Saint-Esprit est consubstantiel aux deux autres Personnes. Or, il est bien évident que son raisonnement
n'aboutirait pas, s'il parlait d'une mission extérieure du
Saint-Esprit et non de sa procession immanente et
réelle. Quant à ceux qui prétendent que l'expression
πρόεισι ἐκ πατρός καὶ υἱοῦ signifie seulement la consubstantialité du Saint-Esprit avec le Père et le Fils, je les
prie de remarquer qu'ils prêtent à saint Cyrille un
raisonnement ridicule ; c'est comme s'il disait : l'Esprit
est consubstantiel au Père et au Fils parce qu'il leur
est consubstantiel. Il est donc évident qu'en se servant
des termes πρόεισι, πρόεισι φυσικῶς, il entend donner la
raison de cette consubstantialité et dire qu'il s'agit
d'une procession *selon la nature.*

S'il est quelque différence de langage entre les Pères
Grecs et les Pères Latins, elle s'arrête aux nuances et
aux détails de l'expression. Le point de vue varie ; au
fond, c'est toujours le même dogme qui est affirmé.
Ainsi, les Pères Grecs disent assez souvent que le
Saint-Esprit procède du Père *par* le Fils, ou encore
que le Père est le principe (Ἀρχή) et que le Fils est la
cause (αἰτία) du Saint-Esprit. Mais n'oublions pas que
la première de ces expressions se retrouve dans quelques
Pères Latins, qui attribuent nettement l'origine du
Saint-Esprit au Fils comme au Père. Ceux qui l'emploient veulent simplement dire que la divine essence
communiquée *par* le Fils au Saint-Esprit provient du
Père et que la génération du Fils est antérieure à la
spiration du Saint-Esprit. Aux deux autres termes
Principe et *Cause* ils attachent un sens analogue. Ils

admettent que du Père et du Fils procède le Saint-Esprit. Mais le Père en est le « principe sans principe », la « source primordiale », la « racine », le « foyer » ; le Fils en est la cause qui tient son essence et sa *vertu spiratrice* du Père. Il est comparé à la tige qui sort de la racine et produit la fleur.

Dans certaines contrées d'Orient, il existe un curieux arbre, nommé arbre des Banians ou figuier de Bengale, qui fait l'étonnement des voyageurs. Aussitôt qu'un banian a poussé, on le voit incliner la tête vers la terre, y prendre racine par ses branches et pousser ainsi un nouveau banian, qui produit à son tour un troisième arbre exactement semblable aux deux autres. C'est le commentaire, un peu grossier, nous le voulons bien, des deux formules que nous venons de signaler. Le dernier banian reste uni aux deux autres, il provient réellement de l'un et de l'autre ; mais la sève que communique le second lui a été transmise par le premier.

4. *Addition du Filioque au Symbole justifiée*. — Mais, puisque, dès les premiers siècles de l'Eglise, il était admis en Orient comme en Occident que le Saint-Esprit procède du Fils, pourquoi les plus anciens conciles œcuméniques n'ont-ils pas sanctionné cette croyance par une solennelle définition ? C'est que l'Eglise, avant de proclamer que telle vérité est un article de foi, attend, d'ordinaire, qu'elle soit contestée. Voilà pourquoi aux hérétiques, qui prétendent que le Saint-Esprit est créé par le Fils, les premiers conciles répondent simplement que le Saint-Esprit n'est pas une créature, qu'il est consubstantiel au Père et au Fils. Cette réplique laisse entendre que les deux premières personnes sont le principe de la troisième. Si les Pères, en effet, eussent cru que le Saint-Esprit ne procède pas du Fils, ils auraient, d'un mot, réfuté les novateurs, en

montrant que la troisième Personne, loin d'être créée par la seconde, n'a point de rapport avec elle.

Cependant, l'hérésie arienne s'étant répandue en Espagne, les Pères de Tolède crurent opportun de mieux préciser la nature du lien qui unit le Fils au Saint-Esprit ; et, pour en instruire plus sûrement les fidèles, ils ajoutèrent le complément *Filioque* au symbole qu'ils chantaient à la messe. Que cette addition ait été, au début, légitime ou non, peu importe. Il suffit que, plus tard, elle ait été approuvée par les suprêmes représentants de l'Eglise universelle.

On prétend, il est vrai, que cette approbation est en désaccord avec un décret du concile d'Ephèse. Regardons-y de plus près. Que défend le concile ? de composer un *autre* symbole (ἑτέραν πίστιν) qui contredise la foi de Nicée. Un prêtre nommé Charisius venait, en effet, de présenter aux Pères un symbole nestorien. Il est manifeste que l'anathème qui le frappait spécialement n'avait en vue que les déclarations dogmatiques provenant d'une source hérétique ou d'une autorité privée.

En s'interdisant à eux-mêmes, en défendant à leurs successeurs de trancher les controverses qui pourraient être soulevées plus tard, les Pères eussent condamné l'Eglise à une irrémédiable impuissance. Assurément, nul n'a le droit d'altérer le symbole de Nicée ; mais l'interpréter, l'expliquer, en préciser les termes vagues ou obscurs, en faire sortir, à mesure que les occasions l'exigeraient, le sens implicite et caché, c'est là un privilège inaliénable, auquel l'Eglise d'alors, pas plus que celle d'aujourd'hui, ne saurait renoncer. N'est-ce pas de cette manière que s'est formé, peu à peu, ce vieux symbole de Constantinople dont les Grecs sont si jaloux de garder l'intégrité ?

Aux déclarations du précédent concile, les Pères d'Ephèse, eux-mêmes, n'ont-ils pas ajouté qu'il n'y a qu'une personne en Jésus-Christ? Bref, tous les conciles, jusqu'au septième, n'ont-ils point porté de nouveaux décrets dogmatiques, formulé de nouvelles définitions de foi (1) ? — Le décret d'Ephèse interdisait donc seulement les formules nouvelles, *en désaccord* avec les anciennes.

C'était dans le même sens que saint Paul disait anathème à quiconque prêcherait un autre évangile que le sien. Ainsi le comprirent les anciens conciles d'Occident. L'addition du *Filioque* leur parut le commentaire, l'éclaircissement nécessaire de l'article sur la procession du Saint-Esprit. En approuvant ce dogme, ils n'innovaient rien. Ne le voyaient-ils pas déjà rayonner dans toute la chrétienté avec le symbole dit de saint Athanase ? Bien que cette profession de foi ne fût pas de l'illustre Alexandrin, elle était bien l'écho de sa doctrine et l'autorité qu'elle obtenait dans l'Eglise à partir du vi[e] siècle était un garant de son accord avec la tradition (2).

Si l'Orient n'avait pas donné le jour à ce symbole, il en possédait un plus ancien, aussi autorisé et, sur le point qui nous occupe, d'une teneur identique. Saint Epiphane (Ancorat, n° 121) nous dit en effet qu'on faisait réciter, de son temps, aux catéchumènes un symbole plus complet que celui de Nicée-Constantinople, et dans lequel se trouvait cette profession de foi : « Nous croyons au Saint-Esprit, qui procède du Père ; qui reçoit et que nous croyons être du Fils. » Etre du Fils ou en procéder, c'est tout un.

La doctrine de l'Eglise romaine sur la Procession du

---

(1) Mansi, t. VI, p. 631 ; t. VII, p. 255 ; t. XII, p. 1121 ; t. IV, p. 1362. Cf. Actes du Concile syrien de Ctésiphon, vers 410 (Lamy, Louvain 1868).

(2) Ballerini, *Observation. ad dissert. XIV Quesnellii ;* Opp. S. Leonis, iii, Migne, LVI, 1062-66, 1071-1876. — A. Hahn, *Biblioth, Symbol.* (1842), 123. — La foi de saint Anathase n'est pas douteuse. Cf. *Epist. 3 ad Serapion.* n° 1. M. XXVI, 625.

Saint-Esprit n'est donc pas différente, au fond, de celle qu'admettait l'Eglise des sept conciles.

Article II. — La primauté et l'infaillibilité du pape.

I. *La primauté de saint Pierre prouvée par l'Ecriture.* — Si l'on en croit les deux encycliques du Phanar, la Primauté de Pierre, l'universelle juridiction et l'infaillibilité des papes ne sont que des légendes contenues en germes dans les homélies faussement attribuées à saint Clément, et développées au neuvième siècle dans les décrétales d'un pseudo-Isidore.

Eh bien, pour que notre réponse ne soit point suspecte, nous n'emprunterons rien aux fausses décrétales ni même aux homélies dites de saint Clément.

Les Grecs non-unis admettent sans doute que le Christ, en groupant autour de lui ses apôtres, les a constitués en une société, ou mieux en une famille, dont l'union devait représenter celle des trois personnes divines (Joa. XVII, 11). Eglise unique du Christ, elle n'aura d'autre chef que lui jusqu'au jour de l'Ascension. Mais, dès ce moment, tout en continuant à la diriger d'une manière invisible, ne faut-il pas qu'il lui donne dans un chef visible un substitut, un représentant, qui soit sa voix, son organe, un centre de ralliement ? Ce principe d'unité est d'autant plus nécessaire à l'Eglise qu'elle va se dilater en tous sens et envelopper dans ses bras maternels des millions d'hommes de tout âge, de tout caractère, de toute race, de toute éducation, de toute nationalité. L'amour ne suffit pas ; il faut une autorité incontestable pour empêcher les querelles, les schismes, l'anarchie.

Cette institution d'une primauté que le bon sens réclame, nous la voyons se dessiner dès les premières pages du Nouveau Testament. Quand l'apôtre André présente son frère Simon au Christ, celui-ci le regarde et lui dit : « Tu es Simon fils de Jean, tu seras appelé Cephas, ce qui signifie Pierre », dans la langue syro-chaldéenne.

Or Dieu ne donne jamais un nom nouveau à ses serviteurs, sans lui communiquer un sens prophétique et rendre celui qui le porte capable de le réaliser, comme en témoigne l'histoire de Jacob, de Josué, etc.

Ce n'était là qu'un présage. Voici une promesse plus formelle. La scène se passe à Césarée de Philippe. Notre-Seigneur demande à ses apôtres de lui dire qui il est ; un seul, Pierre, lui réplique : « Tu es le Christ, le fils du Dieu vivant. » « Et moi, lui repart Jésus, je te dis que tu es Pierre, et sur cette pierre je bâtirai mon Eglise et les portes de l'enfer ne prévaudront pas contre elle. Et je te donnerai les clefs du royaume des cieux, et tout ce que tu lieras sur la terre sera lié dans les cieux, et tout ce que tu délieras sur la terre sera délié dans les cieux. » (Matt. xvi, 18, 19)

Qu'on le remarque bien : cette réponse du Sauveur ne s'adresse qu'à Pierre, à celui-là seul qui vient de lui dire : « Tu es le fils du Dieu vivant. » Avant de s'éloigner, le Christ veut, comme un prudent architecte, jeter sur le roc ferme les fondements de son Eglise. Établie sur la terre, celle-ci se composera d'hommes vivants. Telles les assises, tel doit être le fondement visible. Ce sera donc un homme, mais un homme appuyé sur la force du Rédempteur ; ce fondement étant unique, quiconque ne reposera pas sur lui ne fera point partie de l'Eglise.

Jésus ne pouvait manquer à sa promesse. Il la réalise, après sa résurrection, sur les bords du lac de Tibériade, en donnant à Pierre la charge de paître ses agneaux et ses brebis, c'est-à-dire tout son troupeau (Jo. xxi, 15-17); car les autres apôtres, pasteurs vis-à-vis des peuples, sont brebis vis-à-vis de Pierre, selon le mot de Bossuet. On sait, d'ailleurs, que dans la langue de l'antiquité soit sacrée, soit profane, le titre de pasteur équivaut à celui de gouverneur et de roi (1).

Cette charge, l'histoire des actes des Apôtres nous montre que Pierre l'exerça, dès ce jour, sur toute l'Eglise. A vrai dire, il avait déjà partout le premier rang ; le Christ l'associait en privilégié, comme acteur ou témoin, à ses principales œuvres. Tandis que les apôtres étaient désignés collectivement, il était distingué par son nom symbolique : Pierre et les onze (2). Mais, du jour où il est établi pasteur universel, il parle et agit partout en chef suprême. C'est lui qui procède au remplacement de Judas, qui prêche le premier aux Juifs, dont il convertit plusieurs milliers (Act. i, 13). C'est lui qui ouvre aux gentils l'entrée de l'Eglise (x, 48), qui parle le premier dans le conseil apostolique et tranche la question des observances légales (xv, 7, etc.) ; c'est lui qui visite et réconforte toutes les Eglises (ix, 32, etc.) (3).

2. *Les interprétations des orthodoxes en face de la tradition.* — A ces textes les théologiens de Constantinople opposent des arguties, faute d'arguments. L'encyclique d'Anthime VII, en particulier, semble ignorer que le Sauveur a, par trois fois, proclamé saint Pierre le pasteur de ses agneaux et de ses brebis. Quant au fameux : « *Tu es Petrus* », elle s'y arrête longuement ; mais elle prétend que par la « Pierre fondamentale et inébranlable sur laquelle le Christ a bâti son Eglise », les Pères ont entendu non pas la personne de Pierre, mais « son juste témoignage », c'est-à-dire son acte de foi en la divinité de Jésus.

(1) *Iliad.* i, 263.
(2) Matth., ii, 10 ; Marc, iii, 16-20 ; Luc, vi, 14-16 ; Act. i, 13.
(3) Chrysost. *Homil.* xxi, in. Act. Apost. ; Migne, t. LX, p. 165.

De cet aveu, si incomplet soit-il, ne pourrait-on pas déduire que, si l'Eglise est fondée sur la foi de Pierre, cette foi la maintient par lui et ses successeurs, et qu'il en découle, comme une nécessaire conséquence, le privilège de sa primauté ? Mais l'interprétation qu'on nous oppose ne se trouve pas chez les Pères des trois premiers siècles. Selon eux, c'est bien la personne de Pierre qui est le fondement visible de l'Eglise ; et la même explication prévaut encore chez les auteurs des deux siècles suivants.

Encore plus insoutenable, d'ailleurs, est l'interprétation risquée par l'encyclique grecque de 1848. « Quand le Christ a dit à Pierre : Tu es Pierre, et sur cette pierre, je bâtirai mon Eglise ; le fondement dont il parle n'est pas la personne de Pierre, ni même son témoignage ; c'est tout simplement l'objet de ce témoignage, c'est-à-dire le Christ lui-même. » Le langage du Sauveur équivaudrait à celui-ci : Tu es Pierre, et sur cette pierre qui n'est pas *Cephas*, mais moi-même, je bâtirai mon Eglise. Voilà le sens inconséquent et bizarre qu'on prête à la suprême Vérité. Qu'importe que cette interprétation ait été hasardée une fois, en passant, par saint Augustin, si lui-même, partout ailleurs, et si toute la tradition catholique justifie cet aveu du légat Philippe au concile d'Ephèse : « C'est un fait connu de tous les siècles, que le Bienheureux Pierre, prince des Apôtres, colonne de la foi, fondement de l'Eglise catholique, a reçu du Christ les clefs du royaume des Cieux, et qu'il vit et juge toujours dans ses successeurs. » Paroles contre lesquelles nul ne proteste, tant elles sont familières aux Pères grecs, à saint Chrysostome surtout ; paroles que d'autres légats apostoliques, au concile de Chalcédoine, confirmeront par des faits, puisqu'ils déposeront le patriarche Dioscore, « au nom du pape Léon et du trois fois bienheureux Pierre, roc et base de l'Eglise, fondement de la foi orthodoxe » (1).

Nous convenons que, surtout au quatrième et au cinquième siècles, les Pères préoccupés d'établir contre les Ariens la divinité du Verbe désignent assez souvent le témoignage de Pierre comme la pierre fondamentale de l'Eglise. Mais, en parlant ainsi, ils n'infirment pas l'explication de leurs devanciers ; ils la corroborent. En effet, la foi qu'ils regardent comme le fondement de l'Eglise est bien celle de Pierre ; elle n'est pas une abstraction ; elle se concrète et s'incarne en celui qui la professe. La foi de Pierre, c'est Pierre croyant.

La foi de Pierre est d'abord l'un des motifs qui déterminent le Christ à l'établir chef de son Eglise. Mais cette foi le Christ la fortifie contre toute défaillance et l'érige en règle vivante pour toute l'Eglise, en disant à Pierre : « Confirme tes frères ». Qui ne reconnaît ici l'un des éléments constitutifs de la primauté ? Tant par nature que par la volonté expresse du Christ, il implique forcément les autres. En d'autres termes, au pouvoir de docteur suprême en matière de foi s'unissent indissolublement ceux de législateur, de juge, de gouverneur et tel est le quadruple fondement que personnifie le prince des Apôtres.

En résumé, dire que le fondement de l'Eglise c'est la foi de Pierre en la divinité du Christ, et dire que ce même fondement est la personne de Pierre : ce sont deux explications qui, loin de s'exclure, s'appellent et se complètent. Celle-ci est plus littérale, plus immé-

(1) *Concil. Ephès.* Act. III : Mansi, IV, 1295 ; — *Concil. Chalced.* act. III ; Héfélé, 1ʳᵉ édit. allem. t. 2, p. 432 ; Mansi VI, 1047. J. Chrysost. *homil. 3 (de Eleemos.)* n. 4. Migne XLIX, 298 ; *homil. de Talentis,* n. 3, M. LI, 20 ; *homil. contra Ludos et Theatra,* n° 1, M. LVI, 265 ; *homil. in illud : Hoc autem scitote,* n. 4, M. LVI, 275 ; *homil.* 54 (al. 55) *in Matt.* n. 2, M. LVIII, 533 et sqq. 711, 742 ; *homil. 88 in Joan.* n. 1, M. LIX, 478 et sqq. ; *homil. 3 in Act. apost.* n. 3, M. LX, 37 ; *homil. 6 in Act. apost.* n. 1, M. LX, 56 ; *homil. 7.* n. 5, M. LXIII, 499, etc...

diate ; elle embrasse, en la personne de Pierre, tout ce qui, à un titre quelconque, constitue la base secondaire de l'Eglise. Celle-là est plus détournée, moins « obvie » ; mais elle est plus profonde, elle pénètre mieux la cause secrète, la source de cette force inexpugnable ; elle indique partiellement pourquoi et comment Pierre est devenu le fondement de l'Eglise.

Une preuve nouvelle que les deux explications développées plus haut ne s'excluent pas, mais se complètent, c'est qu'un certain nombre de Pères les présentent successivement l'une et l'autre et parfois même les réunissent dans un même passage. Faute de place, nous n'en citerons qu'un, l'un de ceux que le patriarche nous oppose expressément, comme un adversaire déclaré de la primauté de Pierre et de ses successeurs. « C'est à cause de sa foi hors de pair, dit saint Basile, que Pierre a été choisi pour soutenir l'édifice de l'Eglise (1). »

Si tel est le langage des Pères dont on se prévaut à Constantinople. nous n'étonnerons personne en ajoutant que la plupart des autres, les Origène, les Grégoire de Nazianze, les Epiphane, les Cyrille d'Alexandrie, les Astère d'Amasée, les Théophilacte, les Jean Damascène, dans l'Eglise grecque (2) ; et dans l'Eglise latine, les Tertullien, les Cyprien ne nous sont pas moins favorables. Encore ne citons-nous que les noms agréables

(1) Basil., L. 2, *Contrà Eunom.*, n° 4 ; Migne, P. G. XXIX, 578, 579 ; *de Judicio Dei*, n° 7, M. XXXI, 671.

(2) Orig. *Homil. 5 in Exod.*, n° 4. M. XII, 329 : Cf. *Tomum XIV in Matt.*, M. XIII. 1180, 1181. — Grég. Naz., *Poema in Virgin.*, vers. 487-490, M. XXXVII, 559 ; *Poema de Se ipso*, vers. 223-224, M. XXXVII, 1182 ; *Orat.* 32, n° 18, M. XXXVI, 194 : *Orat.* 9, n° 1, M. XXXV, 820. — Epiph., *Ancorat.*, c. IX, M. XLIII, 32, 33 ; *adv. Hœres.*, LI, n° 17 ; LIX, n° 7 et 8. M. XLI, 921, 1029. — Cyril. Alex., *in Joan.*, L. 2, M. t. 73, p. 219 ; L. 12, t. 74, p. 662. — Aster. Amas., *Homil. 8 in Petr. et Paul.*, M. XL, 268 et sqq. — Theophil., *Comment. in Luc.* 22 ; Migne, t. 123, p. 1074. — Joan. Damasc., *Homil. in Transfig.*, n° 2, 6, 9, M. t. 96, p. 547, 555, 560 ; *Sacra Parallela*, p. 136, 137, 150.

aux oreillés orthodoxes. La liste serait trop longue, si
nous voulions y joindre ceux des plus brillants Pères
de l'Eglise occidentale depuis saint Ambroise, saint Augustin, saint Optat jusqu'à saint Grégoire (1). A leurs
yeux, Pierre est bien le fondement visible de l'Eglise,
fondement unique, puisque dans les desseins de Dieu
l'Eglise doit être une.

Tous ces témoignages, Philothée Palamite, l'un des
successeurs de Photius, les résume d'un mot en disant
que saint Pierre a reçu l'autorité souveraine sur le
monde entier (2).

Les orthodoxes nous interrompent. Vous exagérez,
s'écrient-ils, la portée de tous ces textes. Saint Paul
n'a-t-il pas dit que nul ne peut poser d'autre fondement
que Jésus-Christ ? Fort bien, mais il y a fondement et
fondement, puisque vous rappelez vous-même, après
l'Apôtre des Gentils, que les apôtres et les prophètes
sont aussi nommés fondement de l'Eglise. Il suit de là
que l'Eglise repose sur divers fondements superposés.

Il est très vrai que le Christ n'en est pas seulement
le divin architecte, qui en a taillé les pierres, les a scel-
lées de son sang. Il en est aussi la pierre angulaire, le
fondement invisible éternel. Mais, précisément, parce
que son appui est invisible, il a voulu donner à son
Eglise une autre base sensible à laquelle il prête sa so-
lidité. Cette base est plus importante que celle formée
par les prophètes qui ont seulement édifié l'Eglise par
leur doctrine, comme plus tard les docteurs. Elle est

____

(1) Tertull. de *Prœscript.*, c. 22, Migne, P. L., t. 2, p. 34 ; *de Pu-
dicit*, c. 21, M. t. 2, p. 1025. — Cyprian. *de Unit. Eccles.*, n° 4 et sqq,
M. t. 4, p. 499, 501 ; *Epist.*, 69, n° 8, M. IV, 406. — Optat. Milevit. *de
Schism. Donatist.*, L. VII, c. 3, M. XI, 1087-1088 ; L. 2, c. 2 et 3,
p. 946-948. — Ambros., *Enarrat. in Psalm.*, 40, n° 30, M. XIV, 1082. —
Hieron, Lib. 1, *Contra Jovinian.*, n° 26, M. XXIII, 217.

(2) Maxime Malatakis. *Réponse à la lettre patr.* (texte grec, p. 95).
trad. p. III. — Nilles, Kabend. p. 72, 193-196. — Tondini : La primauté
de saint Pierre prouvée par les titres que lui donne l'Eglise russe
dans sa liturgie.

plus importante aussi que celle formée par les apôtres séparés de leur chef. Bien que chacun d'eux mérite d'être appelé le fondement de quelque Eglise particulière, n'oublions pas qu'ils se subordonnent à celui qui est nommé le roc de l'Eglise. C'est lui qui maintient et unit les unes aux autres les assises des prophètes, des apôtres, des docteurs et des simples fidèles. Pierre soutient ses frères, comme il est lui-même soutenu par le Christ (Luc, xxii, 31, 32.)

3. *La primauté de Pierre et son autorité dogmatique ont passé aux pontifes de Rome, ses successeurs.* — Si Pierre a obtenu la primauté, c'est moins pour son avantage personnel que pour celui de l'Eglise. Que personne à sa mort n'hérite de ses prérogatives, et voilà l'Eglise sans fondement visible, les pasteurs et les fidèles sans chef suprême. Dès lors, plus d'unité dans la foi, le gouvernement, la hiérarchie sacrée. La primauté de Pierre passe donc à un successeur. Quel peut-il être sinon le pontife romain ?

Vous vous trompez, observe la dernière encyclique de Constantinople : « Le successeur de saint Pierre n'est point l'évêque de Rome, car saint Pierre n'établit point son siège dans cette ville et n'y séjourna même pas. » Ainsi, les théologiens du Phanar abandonnant les anciennes traditions les mieux établies, se mettent aujourd'hui à la remorque de l'école sceptique de Tubingue. Ils ne savent donc pas que cette école est déjà démodée et que les plus illustres critiques protestants de nos jours admettent que saint Pierre a évangélisé Rome et y est mort. L'un de ces derniers, Gieseler, avoue que l'opinion contraire n'est entretenue que par l'esprit de parti (1).

(1) *Lehrbuch der Kircheng* (1ʳᵉ éd.) i, 80. Le cadre restreint de notre travail nous oblige de renvoyer à notre article des *Etudes* (20 nov. 1898, p. 510-521) le lecteur qui désire un plus ample exposé de la tradition au sujet de la suprématie du pape.

Le célèbre évêque anglican Lighfoot reconnaît que la première épître de saint Pierre est écrite de Rome et que cette ville est désignée sous le nom transparent de Babylone. Avant la fin du premier siècle le pape saint Clément écrit aux Corinthiens que Rome fut le théâtre des travaux apostoliques de Pierre et de son martyre (1). Est-il besoin de montrer que ces témoignages sont confirmés par saint Ignace martyr, Papias, saint Hippolyte, Origène, Tertullien, Irénée et d'autres représentants de la tradition des deux premiers siècles chrétiens ?

Pierre est donc mort à Rome, et les Papes ont hérité de sa primauté. Eux seuls, entre tous les évêques des premiers siècles, ont aussi revendiqué le privilège de juger en dernier ressort dans les questions intéressant la foi ; et les pasteurs des autres Eglises, au lieu de protester, reconnaissent leur suprême juridiction et regardent leur sentence comme décisive : Rome a parlé, la controverse est close, disaient-ils avec saint Augustin.

Faut-il rappeler quelques-uns des faits qui attestent cette souveraineté spirituelle : l'Eglise de Corinthe faisant appel au pape saint Clément, pour apaiser les discordes qui ont surgi entre pasteurs et fidèles ; saint Polycarpe venant consulter le pape Anicet sur la célébration de la Pâque... ; les Origène, les Denys, et plus tard les Athanase, les Chrysostome, les Flavien, en appelant aux souverains Pontifes Fabien, Denys, Jules Ier, Innocent Ier, Léon Ier ; les hérétiques eux-mêmes, comme Marcion, Cerdon, Sabellius essayant d'obtenir l'approbation de l'évêque de Rome ; car ils savent qu'aux yeux de tous les chrétiens, le siège romain se distingue par son « éminente primauté » selon le mot d'Irénée, et qu'il faut, pour n'être point

____

(1) *Cor.*, c. 5 et 6. Migne, P. G. I, 217-221.

suspect d'hérésie, rester en communion avec lui (1).

Oh ! Puisse cette parole du grec saint Irénée retentir au fond du cœur de ses compatriotes. Que Dieu, qui les a ornés de tant de dons naturels, leur accorde un don encore plus enviable, celui de revenir au centre de l'unité.

Sa Béatitude, le patriarche Constantin sait mieux que nous comment, au onzième siècle, fut élevée la barrière qui sépare encore les deux Eglises. On s'arrêta, de parti pris, aux divergences disciplinaires ; on les exagéra, on les élargit. Les préjugés de race et de nation furent transformés en différends religieux et les différences liturgiques en dogmes incompatibles.

Ainsi devenu indépendant du pape, le patriarche de Constantinople se crut d'abord le souverain spirituel de la moitié du monde chrétien. Mais il s'aperçut bientôt qu'il avait rivé son trône à celui des Césars et que ses chaînes, pour être dorées et enguirlandées de fleurs, n'en étaient que plus pesantes. A qui recourir, désormais, contre les abus de la force ? Comment retenir groupés autour de son patriarcat les peuples émancipés, après avoir proclamé que chaque langue, chaque race, chaque nation doit avoir son Eglise indépendante ? Où trouver, enfin, au milieu de tant d'Eglises autonomes, une autorité capable de faire accepter ses décisions ? Pasteurs et fidèles en appellent à un concile général des Eglises orthodoxes ; mais on sait bien que la convocation même en est impossible.

Il n'est qu'un moyen de restaurer le pouvoir ecclésiastique, de relever l'Eglise grecque non unie, c'est de reprendre en sens inverse le chemin qui aboutit jadis au schisme ; c'est de regarder ce qui unit, non ce qui

(1) *Propter potiorem principalitatem* (Irénée, *Hœres.*, L. III, c. 3, n° 2 ; Migne, P. G. VII, 849). L'Encyclique grecque de 1848 essaye d'infirmer ce témoignage et traduit *potiorem principalitatem* par solide fondement. C'est un modèle de traduction *large*.

divise ; c'est de chercher une autorité, non point abstraite comme un axiome, souvent impossible à consulter, comme un concile, mais concrète, vivante, celle, en un mot, qui vit et préside, en la personne du Pape, sur la chaire de Pierre (1).

(1) Pierre Chrysolog., *Inter Epist. Leonis, Epist.*, 5, Migne, L, 2, IV, 743.

TABLE DES MATIÈRES

ARTICLE II
La primauté et l'infaillibilité du Pape

832-00. — Imprimerie des Orphelins-Apprentis d'Auteuil,
40, rue La Fontaine, Paris-Auteuil.